NEW TOP 일본어 첫걸음

초급

머리말

- 일본어를 기초부터 체계적으로, 꼼꼼히 공부하고 싶은 분들!
- 학원에 나갈 시간이 없어서 아예 처음부터 집에서 실제 수업을 듣는 것처럼 혼자서 공부하고 싶은 분들!

'New Top 일본어 첫걸음'은 일본어의 글자나 발음을 전혀 모르셨던 분들이 아무 걱정없이 처음부터 공부할 수 있도록, 선생님의 강의를 듣는 것처럼 차근차근 성의껏, 친절하게 설명하려고 애썼습니다. 일본어도 남의 나라 말이고, 남의 나라 말을 배우려면 문법을 전혀 무시할 수는 없습니다. 그러나 여러분이 일본어 문법의 연구자가 되실 건 아니겠지요. 따라서 이 책에서는 문법에 대한 설명을 장황하게 늘어놓지 않고 각 과의 포인트 문형을 중심으로 요점만 간단히 설명해 놓았습니다. 그 뜻과 사용법을 쉽게 이해한 다음, 정작 한마디라도 자신감을 가지고 일본어를 말할 수 있도록 하기 위함입니다.

플래시 CD를 통해서는 Tok! Tok! 회화(본문), 핵심 문장(Key Expression), 새로운 단어(Kotoba Bank)의 정확한 원어민 발음을 들으며 발음 연습과 듣기 훈련을 할 수 있고, Kok! Kok! 문법(Language Focus)을 바탕으로 한 전문 일본어 강사의 해설 강의를 들을 수 있는 독학용 학습서입니다.

또한 인터넷 동영상 강의를 통해 언제 어디서든 생생한 강의를 들으실 수 있습니다.

교재 + 플래시 CD + 인터넷 동영상 강의의 삼위일체 시스템으로 여러분은 일본어 마스터에 더 쉽게 다가갈 수 있을 것입니다.

- 강의를 듣고 있는데, 예습과 복습을 더욱더 철저히 하고 싶은 분들!
- 강의를 들으면서도 이것저것 궁금하고 모르는 것이 많아 답답하셨던 분들!

'New Top 일본어 첫걸음'은 기존에 학원용 교재로 널리 쓰이던 'New Top Japanese'의 해설서로도 사용하실 수 있습니다. 'New Top Japanese'는 일본 국서간행회, IJ일본어학교와 시사일본어사가 공동 개발한 일본어 교재로, 국내에서 발행된 어느 일본어 교재보다도 재미있으며, 가르치고 배우기 쉽다는 호평을 받아 왔습니다. 하지만 처음부터 이 교재는 선생님들께서 내용을 정확하게 짚어 강의를 해 주실 때 장점이 되살아나는 강의용 교재로 기획된 책이라서, 혼자 공부하기에는 무리라는 지적이 뒤따랐습니다. 따라서 본 교재는 강의를 들을 수 없는 형편이거나, 강의를 놓쳐 진도를 따라가기가 어려워 예습과 복습용으로 해설서를 원하는 많은 분들에게 큰 도움이 될 것입니다.

초급 교재의 홍수 속에서 수박 겉핥기 식으로 되풀이되는 공부에서 탈피하고 싶은 학습자 여러분들에게 이 책이 일본어 학습의 탄탄한 밑거름이 되고, 신나는 일본어 공부의 길잡이가 될 수 있기를 진심으로 바랍니다.

저자

구성

1. 본 교재는 총 25과로 구성되었으며, 학습자들이 무리없이 공부할 수 있도록 본문을 적당한 길이로 나누었습니다.
2. MP3는 총 61트랙으로 나누어져 있어, 번거롭게 찾을 필요없이 듣고자 하는 부분을 바로 찾아 학습할 수 있습니다.
3. 1~13과까지의 복습문제와 14~25과까지의 복습문제를 나누어 실어, 실력을 점검할 수 있습니다. 마지막 부록 부분의 'Power! 단어'는 어휘력 향상에 많은 도움이 될 것입니다.
4. 본 책에는 입문편의 내용을 토대로 추측, 경험, 이유, 양태, 가능, 전문, 수수, 피동, 사동, 경어 표현 등으로 구성되어 있습니다.

각 과의 구성

- **핵심문장** 중요 문법사항과 문형 제시
- **Tok! Tok! 회화** 각 과의 문법사항과 문형을 중심으로 초급 일본어의 필수 어휘를 사용하여 15~20행 미만으로 구성
- **새로 나온 단어(Kotoba Bank)** 새로 나온 단어 설명
- **Kok! Kok! 문법(Language Focus)** 본문에 나온 중요 문법사항을 자세한 설명에 추가 예문까지 함께 실어 혼자서도 충분히 이해하도록 구성
- **심화학습** 중요 문법사항 외에도 꼭 알아두어야 할 문법사항을 더욱 심층있게 설명
- **Check! 실력체크문제** 그림을 많이 이용한 문제를 수록하여 재미와 함께 실력 점검

플래시 CD 구성

Key Expression (핵심문형)

그 과에서 배울 핵심 문형을 소개하는 코너이다. 각 과의 중요 문법사항과 문형을 쉽게 알아볼 수 있으므로 예습과 복습의 포인트로 활용하자.
- main을 클릭하면 제목과 Key Expression의 전 문장을 들을 수 있다.

본문

각 과의 문법사항과 문형을 바탕으로 흔히 접할 수 있는 상황을 설정, 일상생활에서 활용할 수 있는 회화로 구성되어 있다.

> CD2 트랙번호 ▶본문은 CD player나 PC의 Windows Media Player에서 들을 수 있으며, MP3로 다운 받을 수도 있다.)

- 본문은 listening과 text로 나누어져 있다. listening에서는 등장인물의 회화를 들으며 본문의 전체 흐름을 파악할 수 있다. text에서는 우측 하단의 '일본어'를 클릭하면 각 문장을 반복적으로 듣고 따라 읽는 연습을 할 수 있다.

해석

본문 바로 아래 뜻풀이를 해 놓았다. 초급 교재이므로 되도록 직역을 하였다.
- text 우측 하단의 '한국어'를 클릭하면 해석을 볼 수 있다.

Language Focus (드릴, 관련 어휘)

각 과의 필수 문법과 문형을 혼자서도 충분히 이해할 수 있도록 친절한 설명에 추가 예문까지 곁들여져 있다.
- 전문 일본어 강사의 생생한 해설 강의를 들을 수 있다.

Kotoba Bank (단어·어구 풀이)

Kotoba(言葉)는 '단어, 말'을 뜻하는 일본어이다. 단어의 뜻은 물론 여러 가지로 활용하는 경우, 그 변화도 설명하였다.
- 각 단어를 클릭하면 정확한 발음을 들으며 한국어 뜻을 확인할 수 있다.

차례

머리말

구성

등장 인물

1　成功すると　思いますよ。＿11
성공할 거라고 생각해요.

2　失敗した　ことは　ありませんか。＿21
실수한 적은 없습니까?

3　昼寝を　したり　テレビを　見たり　します。＿33
낮잠을 자기도 하고, 텔레비전을 보기도 합니다.

4　おいしそうですね。＿45
맛있어 보이는군요.

5　広いし、日当たりも　いいし、静かです。＿59
넓고, 햇빛도 잘 들고, 조용합니다.

6　チェーさんに　会ったら、よろしく　伝えて　ください。＿71
최 씨를 만나면 안부 전해 주세요.

7　練習すれば　すぐ　できると　思います。＿81
연습하면 금방 할 수 있을 거라고 생각합니다.

8　材料は　買って　あるんですが。＿93
재료는 사 놓았는데요.

9　病院へ　行かなければ　なりません。＿105
병원에 가지 않으면 안 됩니다.

10　安く　買うなら、秋葉原に　行った　ほうが　いいです。＿117
싸게 사려면, 아키하바라에 가는 게 좋습니다.

11 お金を 入れると 水が 出ます。_129
돈을 넣으면 물이 나옵니다.

12 時間が ありませんから、短く して ください。_143
시간이 없으니까 짧게 해 주세요.

13 二人は 同い年だそうです。_157
두 사람은 동갑이라고 합니다.

　　복습문제 _167

14 今 ちょうど 帰る ところです。_171
지금 마침 돌아가려던 참입니다.

15 キムチチゲなら 作れます。_183
김치찌개라면 만들 수 있습니다.

16 日本の 歴史を 研究しようと 思って います。_195
일본의 역사를 공부하려고 생각하고 있습니다.

17 通訳で 行く ことに なったんです。_207
통역으로 가게 되었습니다.

18 毎日 料理も 作って くれるんです。_219
매일 요리도 만들어 줍니다.

19 気を つけて いたのに すべって しまったんです。_235
조심하고 있었는데도 미끄러지고 말았습니다.

20 今週も 忙しく なりそうです。_245
이번 주도 바빠질 것 같습니다.

21 古い 家具を さしあげます。_259
헌 가구를 드리겠습니다.

22 部長に 呼ばれて、部長室へ 行って きました。_273
부장님이 불러서 부장실에 갔다 왔습니다.

23 娘を 留学させる つもりです。_287
딸을 유학시킬 생각입니다.

24 毎日 コピーばかり させられるんです。_297
매일 복사만 합니다.

25 何時ごろ お戻りに なりますか。_307
몇 시경에 돌아오십니까?

활용형의 정리 _319

복습문제 _324

부록 〈Power! 단어〉 _328

등장인물

Lesson 01

成功すると 思いますよ。
せいこう　　　　おも

성공할 거라고 생각해요.

핵심문장

01 明日も 雨でしょうか。
あした　あめ

02 明日は 晴れると 思いますよ。
あした　は　　　　おも

03 山に 行くかも しれません。
やま　い

01 내일도 비가 내릴까요?
02 내일은 갤 거라고 생각해요.
03 산에 갈지도 모릅니다.

12 Tok! Tok! 회화

1

キム　一日中　雨ですね。明日も　雨でしょうか。

木村　いいえ、明日は　晴れると　思いますよ。

キム　明日、山登りに　行くんですか。

木村　ええ、行きます。

김	온종일 비가 내리는군요(비군요). 내일도 비가 내릴까요(비일까요)?
기무라	아니요, 내일은 갤 거라고 생각해요.
김	내일 등산하러 가나요?
기무라	네, 가요.

새로운 단어

あめ(雨) 비
～でしょうか ～(ㄹ)까요
は(晴)れる 날이 개다, 맑아지다 2그룹
～と ～(라)고

おも(思)います 생각합니다
▶ 思う(생각하다) 1그룹 + ます(～합니다)
～と おも(思)います ～(ㄹ) 거라고 생각합니다
やまのぼ(山登)り 등산

14 Tok! Tok! 회화

2

キム　ところで、今度の　契約は　どうなるでしょうか。

木村　あ、契約は　成功すると　思いますよ。

キム　そうですか。

木村　ただ、いろいろ　調べて、準備する　時間が　あまり　ないんです。

キム　そうですか。それじゃ、来週は　残業でしょうね。

木村　たぶん　そう　なると　思います。

キム　すると、来週の　韓国語の　勉強は　だめかも　しれませんね。

木村　たぶん　火曜と　木曜の　授業は　無理だと　思います。

キム　わかりました。それじゃ、来週の　授業は　キャンセルしましょう。

木村　そうですね。でも、再来週からは　大丈夫だと　思います。

キム　明日、私も　山に　行くかも　しれません。
お弁当の　ほかに、何か　持って　いく　ものが　ありますか。

木村　いいえ、何も　ありません。

김	그런데, 이번 계약은 어떻게 될까요?
기무라	아, 계약은 성공할 거라고 생각해요.
김	그래요?
기무라	다만 여러 가지(를) 조사하고, 준비할 시간이 별로 없어요.
김	그래요? 그럼, 다음 주는 잔업이겠네요.
기무라	아마 그렇게 될 거라고 생각해요.
김	그러면, 다음 주 한국어 공부는 못 할지도 모르겠군요.
기무라	아마 화요일과 목요일 수업은 무리일 거라고 생각해요.
김	알겠어요. 그럼, 다음 주 수업은 취소합시다.
기무라	그러지요. 그렇지만, 다다음 주부터는 괜찮을 거라고 생각해요.
김	내일 저도 산에 갈지도 몰라요. 도시락 외에 무언가 가지고 갈 것이 있나요?
기무라	아니요, 아무것도 없어요.

새로운 단어

けいやく(契約) 계약
せいこう(成功)する 성공하다 3그룹
ただ 단지, 그저
いろいろ 여러 가지, 여러 모로
しら(調)べて 조사하고
　▶調べる(조사하다) 2그룹 + て (~(하)고, (해)서)
じゅんび(準備)する 준비하다 3그룹
すると 그렇다면, 그러면
だめだ 소용없다, 못 하다
~かも しれません ~일지도 모릅니다, ~할 지도 모릅니다

かよう(火曜) 화요일 ▶「火曜日」와 같은 말
もくよう(木曜) 목요일 ▶「木曜日」와 같은 말
むり(無理)だ 무리이다
キャンセル(cancel)しましょう 취소합시다
　▶キャンセルする(취소하다) 3그룹 + ましょう (~합시다)
おべんとう(弁当) 도시락
ほか(外) ~이외, 다른 (것)
も(持)って いく 가져 가다 ▶持つ(가지다, 들다) 1그룹 + て いく(~해 가다)

16 → Kok! Kok! 문법

1-1 추측을 나타내는 표현(1)

> A 明日も 雨でしょうか。 내일도 비가 내릴까요?
> B いいえ、明日は 晴れると 思います。
> 아니요, 내일은 갤 거라고 생각해요.

「〜でしょう(か)」는 추측을 나타내는 표현으로, '〜이겠지요, 일까요?'라는 뜻이다. 접속 방법은 다음과 같으며, ナ형용사의 경우에는 어간에 접속한다.

명사	イーさん	
ナ형용사	楽	+でしょうか
イ형용사	寒い	
동사	来る	

「〜と 思います」는 '〜(ㄹ) 거라고 생각합니다'라는 뜻으로, 추측하여 판단하는 경우에 사용한다. 접속 방법은 다음과 같으며, ナ형용사와 명사의 경우에는 「〜だと 思います」가 된다.

명사	イーさんだ	
ナ형용사	楽だ	+と 思います
イ형용사	寒い	
동사	来る	

① A 彼は すぐ 来るでしょうか。 그는 곧 올까요?
　 B ええ、すぐ 来ると 思います。 네, 곧 올 거라고 생각합니다.

② A 今、家に いるでしょうか。 지금 집에 있을까요?
　 B ええ、たぶん 家に いると 思います。 네, 아마 집에 있을 거라고 생각합니다.

③ A 外は、寒いでしょうか。 밖은 추울까요?
　 B ええ、寒いと 思います。 네, 추울 거라고 생각합니다.

④ A その 仕事は たいへんでしょうか。 그 일은 힘들까요?
　B いいえ、楽だと 思います。 아니요. 편할 거라고 생각합니다.

⑤ A あの 人が イーさんでしょうか。 저 사람이 이 씨일까요?
　B ええ、たぶん イーさんだと 思います。 네. 아마 이 씨일 거라고 생각합니다.

꼭꼭 문법 2-1 추측을 나타내는 표현(2)

> 来週は 残業でしょうね。 다음 주는 잔업이겠네요.

「〜でしょうね」는 추측을 나타내는 「〜でしょう(〜이겠지요)」에 「ね(〜군요, 〜네요)」가 붙은 형태로, '〜이겠네요, 〜이겠군요'라는 뜻이다.

① もう すぐ 始まるでしょうね。 이제 곧 시작되겠네요.
② この シャツ、弟には 少し 小さいでしょうね。
　이 셔츠, (우리) 남동생에게는 좀 작겠군요.
③ 二人は 幸せでしょうね。 두 사람은 행복하겠네요.
④ 彼女は 金持ちでしょうね。 그녀는 부자이겠네요.

18 → Kok! Kok! 문법

꼭꼭문법 2-2 추측을 나타내는 표현(3)

> 私(わたし)も 行(い)くかも しれません。 저도 갈지도 모릅니다.

「～かも しれません」은 '～(ㄹ)지도 모릅니다'라는 뜻이다. 「しれません」을 「しりません」이라고 하지 않도록 주의하자. 접속 방법은 다음과 같으며, ナ형용사의 경우에는 어간에 접속한다.

명사	電話(でんわ)	
イ형용사	忙(いそが)しい	+かも しれません
ナ형용사	不便(ふべん)	
동사	降(ふ)る	

① 明日(あした)は 雨(あめ)が 降(ふ)るかも しれません。 내일은 비가 올지도 모릅니다.
② 彼(かれ)は 今(いま) 忙(いそが)しいかも しれません。 그는 지금 바쁠지도 모릅니다.
③ 交通(こうつう)が 少(すこ)し 不便(ふべん)かも しれません。 교통이 좀 불편할지도 모릅니다.
④ 木村(きむら)さんからの 電話(でんわ)かも しれません。 기무라 씨한테서 온 전화일지도 모릅니다.

Check! 실력체크문제 ← 19

1 보기와 같이 두 문장을 한 문장으로 만들어 보자.

> 보기
> 明日は　晴れます。そう　思います。
> ▶ 明日は　晴れると　思います。

① 彼女は　りんごが　大好きです。そう　思います。
▶ _____

② この　ダイヤは　とても　高いです。そう　思います。
▶ _____

③ 彼も　来ます。そう　思います。
▶ _____

④ 今日は　イーさんの　誕生日です。そう　思います。
▶ _____

2 다음 빈칸에 들어갈 알맞은 말을 써 넣어 보자.

① A　佐藤さんも　来るでしょうか。
　 B　ええ、たぶん _____と　思います。

② 今は　晴れて　いますが、午後は　雨が _____かも　しれません。

③ A　北海道は　今　寒いでしょうか。
　 B　そうですね。_____かも　しれませんね。

20 → Check! 실력체크문제

④ A テレホンカード、ありますか。
　B ええ、_____かも しれません。ちょっと 待って ください。

⑤ A いくらぐらい かかるでしょうか。
　B そうですね。たぶん 5万円ぐらい _____と 思います。

3 짧은 글짓기

① 내일 시험은 잘 못 볼(だめだ)지도 모릅니다.
　▶ _____

② 곧 날이 갤까요?
　▶ _____

③ 네, 곧 갤 거라고 생각합니다.
　▶ _____

해답

1　①彼女は りんごが 大好きだと 思います。②この ダイヤは とても 高いと 思います。
　③彼も 来ると 思います。④今日は イーさんの 誕生日だと 思います。
2　①来る ②降る ③寒い ④ある ⑤かかる
3　①明日の 試験は だめかも しれません。②すぐ 晴れるでしょうか。
　③はい、すぐ 晴れると 思います。

Lesson 02

失敗した ことは ありませんか。
실수한 적은 없습니까?

핵심문장

01 サムゲタンは 食べた ことが ありますか。
02 サムゲタンは 食べた ことが ありません。
03 サムゲタンって、何ですか。

01 삼계탕은 먹어 본 적이 있습니까?
02 삼계탕은 먹어 본 적이 없습니다.
03 삼계탕이란 게 뭡니까?

22 → Tok! Tok! 호화

1

キム　佐藤さんは　どうして　韓国へ　来たんですか。

佐藤　韓国語を　習いに　来たんです。

キム　そうですか。韓国での　生活は　どうですか。

佐藤　楽しいですよ。

キム　何か、失敗した　ことは　ありませんか。

佐藤　たくさん　ありますよ。

김	사토 씨는 왜 한국에 왔나요?
사토	한국어를 배우러 왔어요.
김	그래요? 한국에서의 생활은 어때요?
사토	즐거워요.
김	뭔가, 실수한 적은 없어요?
사토	많이 있어요.

새로운 단어

せいかつ(生活) 생활
しっぱい(失敗)した 실패했다, 실수했다
▶ 失敗する(실패하다) 3그룹 + た(〜했다)

(〜た)こと (〜한) 적

24 Tok! Tok! 회화

②

キム　　韓国料理は　口に　合いますか。

佐藤　　ええ。でも、キムチは　辛くて　あまり　好きじゃ　ありません。

キム　　サムゲタンは　食べた　ことが　ありますか。

佐藤　　いいえ、まだ　ありません。サムゲタンって、何ですか。

キム　　鳥肉の　料理です。高麗人参や　にんにくや　もち米などを　入れて　作るんです。

佐藤　　そうですか。一度　食べて　みたいですね。

김	한국요리는 입에 맞나요?
사토	네. 하지만 김치는 매워서 그다지 좋아하지 않아요.
김	삼계탕은 먹어 본 적이 있어요?
사토	아니요, 아직 없어요. 삼계탕이란 게 뭔가요?
김	닭고기 요리에요. 인삼이랑 마늘이랑 찹쌀 등을 넣어 만들어요.
사토	그래요? 한번 먹어 보고 싶네요.

새로운 단어

りょうり(料理) 요리
くち(口)に あ(合)う 입에 맞다
から(辛)くて 매워서 ▶ 辛い(맵다) + て(~(해)서)
サムゲタン 삼계탕
~って ~이란, ~이란 게
とりにく(鳥肉) 닭고기

こうらいにんじん(高麗人参) 인삼
にんにく 마늘
もちごめ(米) 찹쌀
い(入)れて 넣어서 ▶ 入れる(넣다) 2그룹 + て (~(해)서)

26 Tok! Tok! 회화

3

キム　　韓国で　旅行を　しましたか。

佐藤　　ええ、もちろんです。済州道へも　行った　ことが　あります。

キム　　済州道へも　行った　ことが　あるんですか。私は　まだです。

佐藤　　そうですか。日本へは　行った　ことが　ありますか。

キム　　ええ。一度　研修に　行った　ことが　あります。

佐藤　　東京へ　行ったんですか。

キム　　ええ、そうです。

佐藤　　成田空港から　東京までは　電車で　行ったんですか。

キム　　いいえ、電車に　乗らないで、リムジンバスに　乗って　行きました。

김　　한국에서 여행을 했나요?

사토　네, 물론이죠. 제주도에도 가 본 적이 있어요.

김　　제주도에도 가 본 적이 있어요? 저는 아직이에요(아직 가 보지 못했어요).

사토　그래요? 일본에는 가 본 적이 있나요?

김　　네, 한 번 연수하러 간 적이 있어요.

사토　도쿄에 갔었어요?

김　　네, 맞아요.

사토　나리타 공항에서 도쿄까지는 전철로 갔나요?

김　　아니요, 전철을 타지 않고 리무진 버스를 타고 갔어요.

새로운 단어

けんしゅう(研修) 연수
なりたくうこう(成田空港) 나리타 공항
▶ 일본의 신도쿄 국제공항

リムジンバス(limousine bus) 리무진 버스

28 → Kok! Kok! 문법

꼭꼭 1-1 과거의 경험에 대한 표현

> A 日本へ 行った ことが ありますか。 일본에 가 본 적이 있습니까?
> B はい、(行った ことが) あります。 네, (가 본 적이) 있습니다.
> B' いいえ、(行った ことが) ありません。
>   아니요, (가 본 적이) 없습니다.

「~た ことが(は) あります」는 '~해 본 적이(은) 있습니다'라는 뜻으로 경험을 나타내는 표현이다. 부정 표현은 「~た ことが(は) ありません (~해 본 적이(은) 없습니다)」이라고 하면 된다. 과거의 경험을 말하는 것이므로 「~ことが あります」는 보통체의 과거형(た형)에 연결된다.

① 今まで こんなに すばらしい 絵を 見た ことが ありません。
   지금까지 이렇게 훌륭한 그림을 본 적이 없습니다.

② 私は 一度も 欠席した ことが ありません。 나는 한 번도 결석한 적이 없습니다.

③ A 彼を 知って いますか。 그를 알고 있습니까?
   B ええ、前に 一度 会った ことが あります。
      네, 전에 한 번 만난 적이 있습니다.

④ A キムチを 食べた ことが ありますか。 김치를 먹어 본 적이 있습니까?
   B いいえ、まだ ありません。 아니요, 아직 없습니다.

꼭꼭 2-1 원인과 이유를 나타내는 「~て」의 용법

> キムチは 辛くて 好きじゃ ありません。
> 김치는 매워서 좋아하지 않습니다.

입문편(26과)에서 동사에 「て」가 붙어 원인이나 이유를 나타내는 것을 배웠는데, 여기서는 イ

형용사에 「て」가 붙어 원인이나 이유를 나타내는 것을 공부하기로 하겠다. イ형용사에 「て」가 연결될 경우에는 어미 「い」를 「く」로 바꾼 뒤 「て」를 붙인다.

① 頭が 痛くて 薬を 飲みました。 머리가 아파서 약을 먹었습니다.
② 寒くて 窓を 閉めました。 추워서 창문을 닫았습니다.
③ 高くて 買いませんでした。 비싸서 사지 않았습니다.

꼭꼭 2-2 단어의 의미를 모를 때 묻는 표현

> A サムゲタンは 食べた ことが ありますか。
> 삼계탕은 먹어 본 적이 있습니까?
> B サムゲタンって、何ですか。 삼계탕이란 게 뭡니까?

상대방이 한 말(단어)의 의미를 모를 때 되묻는 경우가 있다. 우리말로는 보통 '~란 게 뭡니까?'라고 하는데, 일본어로는 「~って 何ですか」라고 한다.

① A カルビを 食べた ことが ありますか。
　　카루비(갈비의 일본식 발음)를 먹어 본 적이 있습니까?

　B カルビって、何ですか。 카루비란 게 뭡니까?

② A お寿司は いかがですか。 스시는 어떠십니까?

　B お寿司って、何ですか。 스시란 게 뭡니까?

③ A 宅急便で 送って ください。 탁큐빙으로 보내 주세요.

　B 宅急便って、何ですか。 탁큐빙이란 게 뭡니까?

④ A コンビニは 24時間 開いて います。 콤비니는 24시간 열려 있습니다.

　B コンビニって、何ですか。 콤비니란 게 뭡니까?

30 → Kok! Kok! 문법

꼭꼭 2-3 방법이나 수단을 나타내는 「〜て」의 용법

> 高麗人参を 入れて 作るんです。 인삼을 넣어 만듭니다.

여기서의 「て」는 동작의 순서를 나타내는 것이 아니라, 방법이나 수단을 나타낸다.
① バスに 乗って 行きました。 버스를 타고 갔습니다.
② カセットテープを 聞いて、勉強しました。 카세트 테이프를 듣고 공부했습니다.
③ ニュースを 聞いて、わかりました。 뉴스를 듣고 알았습니다.

꼭꼭 3-1 문장을 연결해 주는 「〜ないで」의 용법

> 電車に 乗らないで リムジンバスに 乗りました。
> 전철을 타지 않고 리무진 버스를 탔습니다.

우리는 입문편의 24과에서 부정 명령문 「〜ないで ください(~(하)지 마십시오)」에 대해 공부했다. 여기서 공부할 것은 앞 문장과 뒷 문장을 「ないで」로 연결하는 것인데, 이 때 「ないで」는 '~(하)지 않고, ~(하)지 말고'라는 뜻이 된다.

① ノックを しないで ドアを 開けては いけません。
　　노크를 하지 않고 문을 열어서는 안 됩니다.
② 何も 言わないで 話を 聞いて います。 아무 말도 하지 않고 이야기를 듣고 있습니다.
③ 今日は どこへも 行かないで 家に いました。
　　오늘은 아무 데도 가지 않고 집에 있었습니다.

Check! 실력체크문제 ← 31

1 ( ) 안의 동사를 알맞은 형태로 고쳐 보자.

① ノックを _____ ドアを 開けては いけません。
　　　　　　　(する)

② 手を _____ ご飯を 食べては いけません。
　　　　　(洗う)

③ コーヒーを _____ 紅茶を 飲みました。
　　　　　　　　(飲む)

④ タクシーに _____ 電車で 行きましょう。
　　　　　　　(乗る)

2 다음 물음에 대답해 보자.

① 日本の 映画を 見た ことが ありますか。
　▶ _____

② アメリカへ 行った ことが ありますか。
　▶ _____

③ お寿司を 食べた ことが ありますか。
　▶ _____

32 Check! 실력체크문제

3 짧은 글짓기

① 그렇군요. 무엇입니까?
▸ _____

② 부산에 간 적이 있습니까?
▸ _____

③ 김치를 한 번도 먹은 적이 없습니다.
▸ _____

해답

1　①しないで　②洗わないで　③飲まないで　④乗らないで
2　①はい、（見た　ことが）　あります。／いいえ、（見た　ことが）　ありません。
　②はい、（行った　ことが）　あります。／いいえ、（行った　ことが）　ありません。
　③はい、（食べた　ことが）　あります。／いいえ、（食べた　ことが）　ありません。
3　①そばって　何ですか。②ブサンへ　行った　ことが　ありますか。
　③キムチを　一度も　食べた　ことが　ありません。

Lesson 03

昼寝を したり テレビを 見たり します。
낮잠을 자기도 하고, 텔레비전을 보기도 합니다.

핵심문장

01 洗濯を したり、掃除を したり します。

02 木村さんは 独身で いいですね。

03 友達に 会って、映画を 見て 帰ります。

01 빨래를 하기도 하고, 청소를 하기도 합니다.
02 기무라 씨는 독신이어서 좋겠군요.
03 친구를 만나서 영화를 보고 돌아갈 겁니다.

34 → Tok! Tok! 회화

1 CD6

木村　　一週間は　速いですね。

高橋　　そうですね。あっというまに　過ぎますね。

木村　　日曜日は　いつも　どんな　ことを　して　いるんですか。

高橋　　朝、食事を　してから　洗濯を　したり、掃除を　したり　します。

　　　　また、食料品を　買いに　スーパーへ　行ったり、料理を　作ったり…

　　　　日曜日は　とても　忙しいです。

木村　　ご主人も　家事を　手伝うんですか。

高橋　　いいえ、主人は　昼寝を　したり、テレビを　見たり　して　一日中

　　　　家で　ごろごろして　います。

기무라	일주일은 빠르네요.
다카하시	그렇네요. 눈 깜짝할 사이에 지나가는군요.
기무라	일요일에는 항상 어떤 일을 하고 있나요?
다카하시	아침에 식사를 하고 나서 빨래를 하기도 하고, 청소를 하기도 해요. 또, 식료품을 사러 슈퍼마켓에 가기도 하고, 요리를 하기도(만들기도) 하고…… 일요일은 매우 바빠요.
기무라	남편께서도 집안일을 도와 주나요?
다카하시	아니요, 남편은 낮잠을 자거나, 텔레비전을 보거나 하며 온종일 집에서 빈둥거리고 있어요.

새로운 단어

いっしゅうかん(一週間) 일주일
▶「一週日」이라고 말하지 않는다.
はや(速)い 빠르다
あっというま(間)に 눈 깜짝할 사이에
す(過)ぎますね 지나가는군요
▶ 過ぎる (지나다) 2그룹 + ますね (~는군요)
~たり ~たり する ~하기도 하고 ~하기도 한다, ~하거나 ~하거나 한다
しょくりょうひん(食料品) 식료품
かじ(家事) 집안일
ひるね(昼寝)を する 낮잠을 자다
ごろごろして います 빈둥거리고 있습니다
▶ ごろごろする (빈둥거리다) 3그룹 + て います (~고 있습니다)

36 → Tok! Tok! 회화

2

木村　仕事を しながら 家事を するのは、大変じゃ ありませんか。

高橋　ええ、とても 大変です。木村さんは 独身で いいですね。

木村　楽な ときも ありますが、寂しい ときも ありますよ。

木村　これから すぐ 帰るんですか。

高橋　いいえ。ちょっと 本屋へ 寄って、本を 買って 帰ります。

　　　木村さんは？

木村　私は 友達に 会って、映画を 見て 帰ります。じゃ、また 来週。

高橋　お疲れさまでした。

기무라	바깥일을 하면서 집안일을 하는 것은 힘들지 않나요?
다카하시	네, 굉장히 힘들어요. 기무라 씨는 독신이어서 좋겠군요.
기무라	편할 때도 있지만, 쓸쓸할 때도 있어요.

기무라	이제부터 곧장 돌아가나요?
다카하시	아니요. 잠깐 서점에 들러 책을 사 가지고 돌아갈 거예요. 기무라 씨는요?
기무라	저는 친구를 만나서 영화를 보고 돌아갈 거예요. 그럼, 다음 주에 또 만나요.
다카하시	수고하셨습니다(안녕히 가세요).

새로운 단어

どくしん(独身) 독신
さび(寂)しい 외롭다, 쓸쓸하다
よ(寄)って 들러 ▶寄る(들르다) 1그룹 +て(~(해)서)

また らいしゅう(来週) 다음 주에 또 만나요
おつか(疲)れさまでした 수고하셨습니다
▶일을 마치고 헤어질 때 하는 인사로도 쓰인다.

Kok! Kok! 문법

꼭꼭 1-1 전후관계를 나타내는 「〜てから」의 용법

> 食事を してから 洗濯を します。 식사를 하고 나서 빨래를 합니다.

「〜てから」는 '〜하고 나서'라는 뜻으로, 순서를 나타내는 「〜て」와 같은 의미를 가지고 있다. 차이가 있다면 「〜てから」 쪽이 「〜て」보다 더욱 확실한 전후 관계를 나타낸다는 점이다.

① 学校が 終わってから アルバイトに 行きます。
학교가 끝나고 나서 아르바이트하러 갑니다.

② よく 聞いてから 答えを 書いて ください。 잘 듣고 나서 답을 써 주십시오.

③ ベルが 鳴る 前に 外に 出ては いけません。ベルが 鳴ってから 出て ください。
벨이 울리기 전에 밖에 나가서는 안 됩니다. 벨이 울리고 나서 나가 주십시오.

다음과 같이 두 행위의 순서가 상식적으로 정해진 경우에는 「〜てから」로 연결하지 않고 「〜て」를 사용하는 게 좋다. 예를 들어 '카레라이스를 만들어 먹는다'라고 할 때, 먹는 행위는 만드는 행위가 있어야만 가능한 것이므로, 이렇게 전후의 순서가 확실한 경우에는 굳이 「〜てから」를 사용할 필요가 없다.

> * デパートへ 行って 買い物を しました。(○)
>
> 　デパートへ 行ってから 買い物を しました。(×)
> 백화점에 가서 쇼핑을 했습니다.
>
> * カレーライスを 作って 食べました。(○)
>
> 　カレーライスを 作ってから 食べました。(×)
> 카레라이스를 만들어 먹었습니다.
>
> * 電車に 乗って 行きました。(○)
>
> 　電車に 乗ってから 行きました。(×)
> 전철을 타고 갔습니다.

꼭꼭 1-2 열거를 나타내는 「～たり ～たり します」 표현

> 主人(しゅじん)は 昼寝(ひるね)を し**たり**、テレビを 見(み)**たり** **します**。
> 남편은 낮잠을 자기도 하고, 텔레비전을 보기도 합니다.

「～たり ～たり します」는 '～(하)기도 하고, ～(하)기도 합니다', '～(하)거나 ～(하)거나 합니다'라는 뜻으로, 순서와는 상관없이 어떤 일을 열거할 경우에 사용한다. 「～たり」가 동사와 연결될 때는 동사의 て형이나 た형에 접속된다.

보기
- 書(か)く → 書いて → 書いた → 書いたり
  쓰다   쓰고(써서) 썼다   쓰기도 하고
- 飲(の)む → 飲んで → 飲んだ → 飲んだり
  마시다 마시고(마셔서) 마셨다 마시기도 하고
- 作(つく)る → 作って → 作った → 作ったり
  만들다 만들고(만들어서) 만들었다 만들기도 하고
- 見(み)る → 見て → 見た → 見たり
  보다   보고(봐서) 보았다   보기도 하고
- 来(く)る → 来(き)て → 来た → 来たり
  오다   오고(와서) 왔다   오기도 하고
- する → して → した → したり
  하다   하고(해서) 했다   하기도 하고

① 日曜日(にちようび)は 洗濯(せんたく)を したり、掃除(そうじ)を したり、買(か)い物(もの)に 行(い)ったり します。
　일요일에는 빨래를 하거나 청소를 하거나, 쇼핑하러 가거나 합니다.

② 暇(ひま)な 時(とき)は 本(ほん)を 読(よ)んだり、手紙(てがみ)を 書いたり します。
　한가할 때는 책을 읽기도 하고 편지를 쓰기도 합니다.

③ A 週末(しゅうまつ)は たいてい 何(なに)を しますか。 주말에는 대개 무엇을 합니까?
　B 週末は 友達(ともだち)に 会(あ)ったり、映画(えいが)を 見たり、買い物を したり します。
　주말에는 친구를 만나거나 영화를 보거나, 쇼핑을 하거나 합니다.

40 → Kok! Kok! 문법

꼭꼭 2-1 원인이나 이유를 나타내는「で」의 용법

> 木村さんは 独身で いいですね。 기무라 씨는 독신이어서 좋겠군요.

여기서 공부할「で」는 명사 뒤에 붙어서 원인이나 이유를 나타낸다.

① 風邪で 会社を 休みました。 감기로 회사를 쉬었습니다.

② 今日は 朝から 雨で 山登りには 行きませんでした。
오늘은 아침부터 비가 와서 등산은 가지 않았습니다.

 *'등산을 가다'는「山登りに 行く」이다. 그러므로 '등산은 가지 않았습니다'라고 할 경우에도 조사「に」를 생략하지 않고「山登りには 行きませんでした」라고 해야 한다.

③ 交通事故で 入院しました。 교통사고로 입원했습니다.

원인·이유를 나타내는「て」의 접속 형태는 다음과 같다.

명사	雨で 行きませんでした。 비가 와서 가지 않았습니다.
ナ형용사	映画が 好きで よく 見に 行きます。 영화를 좋아해서 자주 보러 갑니다.
イ형용사	おいしくて たくさん 食べました。 맛있어서 많이 먹었습니다.
동사	風邪を ひいて 学校を 休みました。 감기에 걸려서 학교를 쉬었습니다.

*위 표의「～で」와「～て」는 '~이고', '~하고'처럼 단순한 열거에도 사용된다. (입문편 6과, 7과, 18과)

2-2 열거를 나타내는「て」

> **本屋へ 寄って、本を 買って 帰ります。**
> 서점에 들러서 책을 사 가지고 돌아갈 겁니다.

「て」는 앞에서도 말했듯이 동작이 행해지는 순서를 나타내는데, 「～て ～て」와 같이 「て」로 연결되는 문장은 어떤 일을 일어난 순서대로 열거한다. 이에 비해 「～たり ～たり」는 어떤 일을 순서와는 관계없이 열거할 경우에 사용한다.

① A これから すぐ 帰るんですか。 지금부터 곧바로 돌아갑니까?
　B いいえ、友達に 会って、映画を 見て 帰ります。
　　아니요. 친구를 만나서 영화를 보고 돌아갈 겁니다.

② テレビを 見て、勉強を して 寝ました。 텔레비전을 보고 공부를 하고 잤습니다.

③ 洗濯を して、掃除を して、買い物に 行きました。
　 빨래를 하고 청소를 하고, 쇼핑하러 갔습니다.

Check! 실력체크문제

1 그림을 보고 다음 물음에 답해 보자.

① A これから 何を しますか。

B _____

② A 日曜日には 何を しますか。

B _____

③ A 週末には たいてい 何を しますか。

B _____

2 「〜てから」를 사용하여 문장을 완성해 보자.

① みんな _____ 乗って ください。
　　　　　　（降りる）

② この 薬は 食事を _____ 飲んで ください。
　　　　　　　　　　　　（する）

③ 私は いつも 手を _____ ご飯を 食べます。
　　　　　　　　　　　（洗う）

3 좌우를 연결하여 문장을 완성해 보자.

① 食べすぎで　・　　　　　・ ⓐ おなかが 痛いです。

② 風邪で　・　　　　　　　・ ⓑ 日本へ 行くんです。

③ 仕事で　・　　　　　　　・ ⓒ 学校を 休みました。

Check! 실력체크문제

4 짧은 글짓기

① 일요일에는 친구와 도서관에 가기도 하고 쇼핑을 하기도 합니다.
   ▶ _____

② 저녁밥을 먹고 나서 1시간 정도 음악을 듣습니다.
   ▶ _____

③ 신발을 벗고 방으로 들어가십시오.
   ▶ _____

해답

1 ①お風呂に 入って 本を 読んで ドライブを します。②洗濯を したり、掃除を したり、テレビを 見たり します。③友達に 会ったり、買い物を したり、映画を 見たり します。
2 ①降りてから ②してから ③洗ってから
3 ①ⓐ ②ⓒ ③ⓑ
4 ①日曜日には 友達と 図書館へ 行ったり、買い物を したり します。②夕ご飯(晩ご飯)を 食べてから 1時間ぐらい 音楽を 聞きます。③靴を 脱いで 部屋へ 入って ください。

Lesson 04

おいしそうですね。
맛있어 보이는군요.

핵심문장

01 おいしそうですね。
02 元気そうですね。

01 맛있어 보이는군요.
02 건강해 보이는군요.

46 → Tok! Tok! 회화

1

田中　鈴木さん、こちらです。

鈴木　あ、田中さん。おひさしぶりです。

田中　元気そうですね。いつ　退院したんですか。

鈴木　一週間前です。

田中　もう　大丈夫なんですか。

鈴木　ええ、おかげさまで、もう　すっかり　治りました。

田中　事故は　災難でしたが、治って　よかったですね。

鈴木　ありがとうございます。

다나카	스즈키 씨, 이쪽입니다.
스즈키	아, 다나카 씨. 오랜만이에요.
다나카	건강해 보이는군요. 언제 퇴원했나요?
스즈키	일주일 전이에요.
다나카	이제 괜찮은 거예요?
스즈키	네, 덕분에 이제 완전히 나았어요.
다나카	사고는 뜻밖의 불행이었지만, 나아서 다행이네요.
스즈키	감사합니다.

새로운 단어

おひさしぶりです 오랜만입니다
▶「ひさしぶりです」와 같은 뜻인데, 앞에「お」를 붙여 보다 정중한 느낌을 나타낸다.
~そうですね ~해 보이는군요, ~한 것 같군요
たいいん(退院)したんですか 퇴원했습니까?
▶ 退院する (퇴원하다) 3그룹 + た (~(했)다) + ん + ですか (~습니까?)

すっかり 완전히
なお(治)りました (병이) 나았습니다
▶ 治る (낫다) 1그룹 + ました (~(았)습니다)
さいなん(災難) 재난

48 → Tok! Tok! 회화

2

鈴木　この　店は　雰囲気が　いいですね。値段は　高そうですが。

田中　今日は　鈴木さんの　退院祝いに、私が　ごちそうします。

鈴木　本当ですか。じゃ、遠慮なく。

田中　ここは　ステーキと　サラダが　けっこう　おいしいですよ。

　　　じゃ、さっそく　注文しましょうか。

스즈키	이 가게는 분위기가 좋군요. 가격은 비쌀 것 같지만.
다나카	오늘은 스즈키 씨의 퇴원 축하 의미로 제가 한턱 낼게요.
스즈키	정말입니까? 그럼 사양않고 (잘 먹겠습니다).
다나카	여기는 스테이크와 샐러드가 꽤 맛있어요. 그럼, 빨리 주문할까요?

새로운 단어

ふんいき(雰囲気) 분위기
ねだん(値段) 값, 가격
いわ(祝)い ①축하 ②축하 선물
ごちそうする 한턱 내다, 대접하다 3그룹
ほんとう(本当)ですか 정말입니까?
えんりょ(遠慮)なく 사양 않고 (먹겠습니다, 받겠습니다)
ステーキ(steak) 스테이크

サラダ(salad) 샐러드
けっこう(結構) 꽤, 그런대로, 제법
▶여기서는 ナ형용사가 아니라 부사로 사용되었다.
さっそく 빨리, 곧, 즉시
ちゅうもん(注文)しましょうか 주문할까요?
▶注文する (주문하다) 3그룹 + ましょうか (~할까요?)

50 → Tok! Tok! 회화

3 CD10

鈴木　おいしそうですね。いただきます。

田中　味は　どうですか。サラダは　おいしそうですけど、ステーキは　少し　固そうですね。

鈴木　いいえ、全然　固く　ありません。柔らかくて　おいしいです。

田中　そうですか。

鈴木　どうぞ、ワインばかり　飲んで　いないで、田中さんも　食べて　みて　ください。

스즈키   맛있어 보이네요. 잘 먹겠습니다.
다나카   맛은 어떠세요? 샐러드는 맛있을 것 같지만, 스테이크는 조금 질길 것 같네요.
스즈키   아니요, 전혀 질기지 않아요. 연하고 맛있어요.
다나카   그래요?
스즈키   자, 와인만 마시지 말고 다나카 씨도 드셔 보세요.

새로운 단어

あじ(味) 맛
~けど ~(이)지만
かた(固)そうですね 질길 것 같군요
  ▶ 固い (질기다, 단단하다) + そうですね (~할(일) 것 같군요)

やわ(柔)らかい 부드럽다
ワイン(wine) 와인
~ばかり ~만

Kok! Kok! 문법

1-1 추측의 표현「～そうです(ね)」의 용법(1)

> おいし**そうですね**。 맛있을 것 같네요.

イ형용사의 어간에「そうです(ね)」를 붙이면 '～해 보입니다(보이는군요), ～한 것 같습니다(같네요), ～할 것 같습니다(같네요)'라는 뜻이 된다. 부정 표현은 イ형용사의 어간에「～く なさそうです(ね)」를 붙인다. 단,「いい・よい(좋다)」는「よさそうです」,「ない(없다)」는「なさそうです」가 된다.

① 寒そうですね。熱い お茶でも 入れましょうか。
　　추워 보이는군요. 뜨거운 차라도 끓일까요?

② ここの 洋服は ずいぶん 高そうですね。 여기 옷은 상당히 비쌀 것 같네요.

③ こちらの ほうが もっと よさそうですね。 이 쪽이 더 좋아 보이는군요.

④ 全然 関心が なさそうですね。 전혀 관심이 없는 것 같네요.

⑤ パクさんは あまり 楽しく なさそうですね。
　　박 씨는 별로 즐거워 보이지 않는군요.

1-2 추측의 표현「～そうです(ね)」의 용법(2)

> 元気そうですね。 건강해 보이는군요.

ナ형용사의 어간에「そうです(ね)」를 붙이면 '~해 보입니다(보이는군요), ~한 것 같습니다(같네요), ~할 것 같습니다(같네요)'라는 뜻을 나타낸다. 부정 표현은 ナ형용사의 어간에「～じゃなさそうです(ね)」를 붙이면 된다.

① この 椅子は 楽そうですね。 이 의자는 편해 보이는군요.
② この かばん、丈夫そうですね。 이 가방, 튼튼해 보이는군요.
③ あの 二人は いつも 幸せそうですね。 저 두 사람은 언제나 행복해 보이는군요.
④ この 問題は あまり 簡単じゃ なさそうですね。
　　이 문제는 그다지 간단한 것 같지 않네요.

1-3 「～てよかったです(ね)」의 용법

> 治って よかったですね。 나아서 다행이네요.

「～て よかったです(ね)」는 '~해서 다행입니다(다행이네요), ~해서 잘됐습니다(잘됐군요)'라는 뜻이다.「よかったです」가「いいです」의 과거 표현이라고 해서 '좋았습니다'로 오역하지 않도록 주의한다.

① こんな 時 いい 友達が いて よかったですね。
　　이런 때에 좋은 친구가 있어서 잘됐군요.
② 試験に 受かって よかったですね。 시험에 붙어서 다행이네요.
③ 給料が 上がって よかったですね。 월급이 올라서 잘됐군요.

Kok! Kok! 문법

2-1 대비되는 두 문장을 연결하는「〜けど」

> サラダは　おいしそうです**けど**、ステーキは　固(かた)そうです。
> 샐러드는 맛있을 것 같지만, 스테이크는 질길 것 같습니다.

「〜けど」는 '〜지만'이라는 뜻으로 대비되는 두 문장을 연결하는 기능을 가지고 있다. 「〜けど」는 「〜けれども」, 「〜けれど」라고도 하며, 「〜けど」 앞에는 공손체나 보통체가 다 올 수 있다. 또한 「〜けど」는 앞(입문편 12과)에서 공부한 「〜が」와 같은 의미를 나타낸다.

① 私(わたし)も　行(い)きたい**けど**、明日(あした)は　約束(やくそく)が　あるんです。
　　나도 가고 싶지만, 내일은 약속이 있습니다.

② 勉強(べんきょう)は　した**けど**、テストは　難(むずか)しかったです。
　　공부는 했지만, 테스트는 어려웠습니다.

③ ピアノは　上手(じょうず)です**けど**、歌(うた)は　あまり　上手じゃ　ありません。
　　피아노는 잘 칩니다만, 노래는 그다지 잘 하지 못합니다.

아래 문장에서 사용된 「〜けど」는 '〜한데'라는 뜻으로, 전제가 되거나 보충하는 설명을 뒷 문장과 연결해준다. 여기의 「〜けど」는 다음과 같이 「〜が」로 바꿔 쓸 수 있다.

＊これ　ちょっと　重(おも)いです**けど**、一人(ひとり)で　大丈夫(だいじょうぶ)ですか。
　　이거 좀 무거운데, 혼자서 괜찮겠습니까?

　→　これ　ちょっと　重いです**が**、一人で　大丈夫ですか。
　　　이거 좀 무거운데, 혼자서 괜찮겠습니까?

Kok! Kok! 심화학습 ← 55

 1 「祝い」와 조사 「に」의 용법

> 退院祝いに ごちそうします。 퇴원 축하의 의미로 한턱 내겠습니다.

여기서의 「に」는 어떤 행위를 하는 목적을 나타낸다. 「祝い」는 동사 「祝う(축하하다)」에서 생겨난 명사로, '축하, 축하 선물'이라는 뜻을 가지고 있다.

① 結婚祝いに 時計は どうでしょうか。 결혼 축하 선물로 시계는 어떨까요?
② 誕生日祝いに 本を 買いました。 생일 축하 선물로 책을 샀습니다.

56 → Check! 실력체크문제

1 그림을 보고, 보기와 같이「そうだ」를 사용하여 문장을 완성해 보자.

보기: 暑そうですね。窓を　開けましょうか。（暑い）

① この　料理は　あまり ＿＿＿＿＿＿＿＿＿＿ね。（おいしい）

② こちらの　ほうが　もっと ＿＿＿＿＿＿＿＿＿＿ね。（いい）

③ この　店の　果物は　とても ＿＿＿＿＿＿＿＿＿＿ね。（新鮮だ）

④ こちらの　椅子は　あまり ＿＿＿＿＿＿＿＿＿＿ね。（楽だ）

⑤ あの　人は　いつも ＿＿＿＿＿＿＿＿＿＿ね。（幸せだ）

2 좌우를 연결하여 문장을 완성해 보자.

① 果物は
   好きですけど

② 買い物に
   行くんですけど

③ この パンは
   固そうですけど

④ これ、私が 作った
   ケーキなんですけど

ⓐ ステーキは
   柔らかそうですね。

ⓑ キムさんも いっしょに
   どうですか。

ⓒ 食べて みて ください。

ⓓ 野菜は ちょっと…。

58 Check! 실력체크문제

3 짧은 글짓기

① 오늘은 쓸쓸해 보이는군요. 같이 음악이라도 듣지 않겠어요?
▶ _____

② 저 가게는 좀 비쌀 것 같지만, 분위기는 좋을 것 같아요.
▶ _____

③ 계약이 성사되어 잘됐군요.
▶ _____

해답

1　①おいしく なさそうです　②よさそうです　③新鮮そうです　④楽じゃ なさそうです　⑤幸せそうです
2　①ⓓ　②ⓑ　③ⓐ　④ⓒ
3　①今日は 寂しそうですね。いっしょに 音楽でも 聞きませんか。②あの 店は ちょっと 高そうですけど、雰囲気は よさそうです。③契約が 成功して よかったですね。

Lesson 05

広_{ひろ}いし、日当_{ひあ}たりも いいし、静_{しず}かです。

넓고, 햇빛도 잘 들고, 조용합니다.

핵심문장

01 広いし、日当たりも いいし、静かです。
02 よく なって いました。
03 とても 住_すみやすいです。

01 넓고, 햇빛도 잘 들고, 조용합니다.
02 좋아졌습니다.
03 매우 살기 편합니다.

60 Tok! Tok! 회화

1

高橋さんへ。

だいぶ 暖かく なりましたね。田舎から 帰って いると 思って、

訪ねて きたんですが、まだですね。

お誕生日、おめでとうございます。

お祝いに、CDを 一枚 買いました。CDは、管理人に 預けます。

私は この 前の 日曜日に 引っ越しました。

新しい アパートは、会社から 歩いて 10分ぐらいの 所です。

前の アパートは 会社から 遠かったので、時々 遅刻を しましたが、

これからは 遅刻の 心配は ありません。

다카하시 씨께.

꽤 따뜻해졌네요. 고향에서 돌아왔을 거라 생각하고 찾아왔는데, 아직이군요(아직 안 오셨군요).

생일 축하합니다.

축하 선물로 CD를 한 장 샀어요. CD는 관리인에게 맡겨 놓을게요.

저는 요전 일요일에 이사했습니다.

새 아파트는 회사에서 걸어서 10분 정도 걸리는 곳이에요.

전에 살던 아파트는 회사에서 멀었기 때문에 가끔 지각을 했었지만,

앞으로는 지각할 걱정은 없어요.

새로운 단어

- ～へ ～에게, ～께 ▶편지를 쓸 상대를 나타냄
- だいぶ 상당히, 꽤, 제법
- あたた(暖)かい 따뜻하다
- ～く なりました ～해졌습니다
- たず(訪)ねて きたんですが 찾아왔습니다만
  ▶訪ねる(방문하다) 2그룹 + て くる(～해오다) + た(～했다) + ん + ですが(～습니다만)
- おたんじょうび(誕生日) 생일, 생신
- おめでとうございます 축하합니다
  ▶친한 사이에서는 「おめでとう」라고만 해도 된다.
- おいわ(祝)い ①축하 ②축하 선물
- シーディー CD(compact disk의 약자)
- かんりにん(管理人) 관리인
- あず(預)ける 맡기다 2그룹
- この まえ(前) 요전, 얼마 전
- ひ(引)っこ(越)す 이사하다 1그룹
- アパート 아파트 ▶アパートメント(apartment)에서 온 일본식 외래어
- ～ので ～기 때문에, ～이어서
- ときどき(時々) 가끔
- ちこく(遅刻) 지각
- しんぱい(心配) 걱정, 염려 ▶「心配」는 명사로도 ナ형용사로도 사용된다. 이 과의 본문에서는 명사로 사용되었다.

2

新しい アパートは、前のより 広いし、日当たりも いいし、静かです。

また、大家さんも 親切だし、近くに 大きい スーパーも あるので、

とても 住みやすいです。でも、家賃が 10万円も します。

一度 ぜひ 遊びに 来て ください。

新しい 電話番号は 3601の 1304です。

お電話ください。待って います。

あ、きのう、鈴木さんの お見舞いに 行って きたんですが、

前より だいぶ よく なって いました。

顔色も いいし、ご飯も よく 食べるし、元気そうでした。

退院の 前に 一度 いっしょに お見舞いに 行きませんか。

3月 11日

キム ミラ

새로운 아파트는 전의 아파트보다 넓고, 햇빛도 잘 들고, 조용해요.
또, 집주인도 친절하고 근처에 큰 슈퍼마켓도 있기 때문에 아주 살기 편합니다.
하지만 집세가 10만엔이나 해요.
꼭 한 번 놀러 오세요.
새 전화번호는 3601에 1304에요.
전화 주세요. 기다리고 있겠습니다.
아참, 어제 스즈키 씨 병문안을 다녀 왔는데, 전보다 꽤 좋아졌어요.
안색도 좋고, 식사도 잘 하고, 건강해 보였습니다.
퇴원 전에 한 번 같이 병문안하러 가지 않겠습니까?

3월 11일
김미라

새로운 단어

~し、~し ~하고, ~하고
ひあ(日当)たり 햇빛이 비치는 정도, 채광
おおや(大家)さん 집주인
~やすい ~(하)기 쉽다, ~(하)기 좋다
やちん(家賃) 집세

~も ① ~이나 ② ~도 ▶ 여기서는 '많다'는 의미를 나타내는 ①의 뜻으로 쓰였다.
おみま(見舞)い 병문안
い(行)って くる 갔다 오다, 다녀오다

Kok! Kok! 문법

꼭꼭 문법 1-1 상태의 변화를 나타내는「イ형용사 어간 + く なる」

> だいぶ 暖(あたた)かく なりましたね。 꽤 따뜻해졌네요.

앞에서 공부했듯이「명사 + に なる」는 '~이(가) 되다'라는 뜻이다(입문편 21과). 그러나 イ형용사에「なる」가 연결될 때는 イ형용사의 어미「い」가「く」로 바뀐다. 즉,「イ형용사의 어간 + く なる」가 되며, 뜻은 '~해지다'로서 어떤 상태로 변화됨을 나타낸다.

① 前(まえ)より だいぶ よく なって いました。
전보다 상당히 좋아졌습니다.

② はじめは 易(やさ)しかったんですが、だんだん 難(むずか)しく なりました。
처음에는 쉬웠습니다만, 점점 어려워졌습니다.

③ 朝晩(あさばん) 寒(さむ)く なりました。もう すぐ 雪(ゆき)の 季節(きせつ)ですね。
아침 저녁으로 추워졌습니다. 이제 곧 눈이 오는 계절이군요.

④ おなかが 痛(いた)く なりました。 배가 아파졌습니다(배가 아프기 시작했습니다).

꼭꼭 문법 1-2 이유나 원인을 나타내는「ので」

> 前(まえ)は 会社(かいしゃ)から 遠(とお)かったので、時々(ときどき) 遅刻(ちこく)しました。
> 전에는 회사에서 멀었기 때문에 가끔 지각했습니다.

「ので」는 이유나 원인을 나타내며, 우리말로는 '~기 때문에, ~이어서'라는 뜻이 된다. 접속 방법은 아래와 같으며, 특히 명사와 ナ형용사의 현재형은「なので」가 되는 점에 주의하자.

	명사	ナ형용사	イ형용사	동사
현재	試験(しけん)なので	静(しず)かなので	遠(とお)いので	飲(の)むので
과거	試験だったので	静かだったので	遠かったので	飲んだので

① 雨が 降るかも 知れないので、傘を 持って きました。
비가 올 지도 모르기 때문에 우산을 가지고 왔습니다.

② 薬を 飲んだので、すぐ 治りました。 약을 먹었기 때문에 금방 나았습니다.

③ 食欲が ないので、あまり 食べたく ありません。
식욕이 없어서 별로 먹고 싶지 않습니다.

④ 映画が おもしろく なかったので、途中で 出ました。
영화가 재미없었기 때문에 도중에 나왔습니다.

⑤ この 喫茶店は 静かなので、よく 来ます。 이 찻집은 조용해서 자주 옵니다.

⑥ 明日は 試験なので、今日は 夜 遅くまで 勉強します。
내일 시험이기 때문에 오늘은 밤 늦게까지 공부할 겁니다.

꼭꼭 집 2-1 「~やすい」의 용법

> 家の 近くに 大きい スーパーが あるので、とても
> 住みやすいです。 집 근처에 큰 슈퍼마켓이 있기 때문에 굉장히 살기 편합니다.

동사의 ます형에 「やすい」가 오면 '~(하)기 쉽다, ~(하)기 편하다'라는 뜻이 된다. 이 「~やすい」는 항상 동사에만 붙는다. 또한 「~やすい」를 「やさしい(쉽다)」와 혼동하지 않도록 하자.

① この 本は 字が 大きいので 読みやすいです。
이 책은 글씨가 크기 때문에 읽기 쉽습니다.

② この 地図は とても わかりやすいです。 이 지도는 굉장히 알아보기 쉽습니다.

③ この 薬は 甘いので、子供でも 飲みやすいです。
이 약은 달기 때문에 아이라도 먹기 쉽습니다.

66 → Kok! Kok! 문법

꼭 문법 2-2 열거를 나타내는 「～し」의 용법

> 顔色(かおいろ)も いい**し**、ご飯(はん)も よく 食(た)べる**し**、元気(げんき)そうでした。
> 안색도 좋고, 밥도 잘 먹고, 건강해 보였습니다.

「～し」는 '~하고, ~한데다가'라는 뜻으로 상황을 열거할 때 사용한다. 접속 방법은 다음과 같으며, 명사와 ナ형용사의 현재형은 「だし」가 된다는 점에 주의하자.

	명사	ナ형용사	イ형용사	동사
현재	日曜日(にちようび)だし	静(しず)かだし	おいしいし	食(た)べるし
과거	日曜日だったし	静かだったし	おいしかったし	食べたし

① 今日(きょう)は 日曜日(にちようび)**だし**、いい 天気(てんき)なので、大掃除(おおそうじ)を しました。
　오늘은 일요일인데다가 날씨도 좋기 때문에, 대청소를 했습니다.

② 昇進(しょうしん)も した**し**、給料(きゅうりょう)も 上(あ)がったので、大満足(だいまんぞく)です。
　승진도 했고 월급도 올랐기 때문에, 아주 만족합니다.

③ おいしかった**し**、おなかも すいて いたので、たくさん 食べました。
　맛있었고 배도 고팠기 때문에, 많이 먹었습니다.

④ 新(あたら)しい アパートは 日当(ひあ)たりも いい**し**、静かだ**し**、近(ちか)くに 大(おお)きい スーパーも あります。
　새로 이사온 아파트는 햇빛도 잘 들고, 조용하고, 근처에 큰 슈퍼마켓도 있습니다.

1 정중한 표현 「お(ご) ～ください」의 용법

> お電話ください。 전화(해) 주십시오.

「～て ください」는 '～해 주세요, ～하세요'라는 뜻으로 정중한 명령이나 의뢰를 나타내지만, 보통 손윗사람에게는 사용하지 않는다. 여기서 공부할 「お(ご) ～ください」는 「～て ください」와 같은 의미이나 「～て ください」보다 더 정중한 표현이므로 손윗사람에게 사용해도 무방하다.

① ご安心ください。 안심하십시오.
② ご利用ください。 이용해 주십시오.

*「お(ご) ～ください」에 대해서는 25과에서 좀 더 자세히 다루기로 하겠다.

Check! 실력체크문제

1 「ので」를 사용하여 두 문장을 한 문장으로 만들어 보자.

① 食欲が ありません。朝ご飯を 食べませんでした。
▸ _____

② 寒かったです。窓を 閉めました。
▸ _____

③ 高く ありませんでした。買いました。
▸ _____

④ 私は 歌が 下手です。歌いたく ありません。
▸ _____

⑤ お客さんが 来ます。迎えに 行かなければ なりません。
▸ _____

2 그림을 보고 (　) 안의 단어를 알맞은 형태로 고쳐 보자.

① ＿＿＿＿＿＿なりました。
　　(寒い)

② ＿＿＿＿＿＿なりました。
　　(安い)

③ ＿＿＿＿＿＿なりました。
　　(長い)

3 「し」를 사용하여 두 문장을 한 문장으로 만들어 보자.

①　あの　店は　値段も　安いです。料理も　おいしいです。
　　▶ ＿＿＿＿＿＿＿＿＿＿＿＿＿＿＿＿＿＿＿＿＿＿＿＿＿＿

②　彼は　お酒も　飲みます。たばこも　吸います。
　　▶ ＿＿＿＿＿＿＿＿＿＿＿＿＿＿＿＿＿＿＿＿＿＿＿＿＿＿

③　彼女は　顔も　きれいです。頭も　いいです。歌も　上手です。
　　▶ ＿＿＿＿＿＿＿＿＿＿＿＿＿＿＿＿＿＿＿＿＿＿＿＿＿＿

Check! 실력체크문제

4 짧은 글짓기

① 어제는 머리도 아팠고, 비도 내렸기 때문에 아무데도 가지 않았습니다.
   ▶ _____

② 그녀는 예쁘고, 상냥하고, 요리도 잘 해서 인기가 있습니다.
   ▶ _____

③ 이 볼펜은 아주 잘 써집니다(아주 쓰기 쉽습니다).
   ▶ _____

해답

1 ① 食欲が ないので、朝ご飯を 食べませんでした。② 寒かったので、窓を 閉めました。③ 高くなかったので、買いました。④ 私は 歌が 下手なので、歌いたく ありません。⑤ お客さんが 来るので、迎えに 行かなければ なりません。

2 ① 寒く ② 安く ③ 長く

3 ① あの 店は 値段も 安いし、料理も おいしいです。② 彼は お酒も 飲むし、たばこも 吸います。③ 彼女は 顔も きれいだし、頭も いいし、歌も 上手です。

4 ① きのうは 頭も 痛かったし、雨も 降ったので、どこへも 行きませんでした。② 彼女は きれいだし、優しいし、料理も 上手なので、人気が あります。③ この ボールペンは とても 書きやすいです。

Lesson 06

チェーさんに 会ったら、よろしく 伝えて ください。

최 씨를 만나면 안부 전해 주세요.

핵심문장

01 卒業式が 終わったら 帰ります。
02 帰国の 準備で 忙しいでしょう。

01 졸업식이 끝나면 돌아갑니다.
02 귀국 준비로 바쁘지요?

会話

1

田中 　イーさん、韓国へは　いつ　帰るんですか。

イー 　卒業式が　終わったら　帰ります。

田中 　帰国の　準備で　忙しいでしょう。

イー 　ええ。大変です。

田中 　寂しく　なりますね。また　遊びに　来て　ください。

イー 　ええ。先生には　いろいろ　お世話に　なりました。

　　　 本当に　ありがとうございます。

다나카   이 씨, 한국에는 언제 돌아가나요?
이   졸업식이 끝나면 돌아갑니다.
다나카   귀국 준비로 바쁘지요?
이   네. 힘듭니다.
다나카   쓸쓸해지네요. 또 놀러 오세요.
이   네. 선생님께는 여러 가지로 신세를 졌습니다.
         정말 감사합니다.

새로운 단어

そつぎょうしき(卒業式) 졸업식
きこく(帰国) 귀국
～でしょう ①～지요? ②～겠지요(1과)

せわ(世話) 신세, 폐
おせわ(世話)に なりました 신세졌습니다
ほんとう(本当)に 정말로

2

田中　国へ　帰ったら　就職するんですか。

イ　まだ　わかりませんが、たぶん　父の　仕事を　手伝うと　思います。

父は　小さい　貿易会社を　経営して　いるんです。

田中　そうですか。去年　帰った　先輩の　チェーさんは　何を　して　いるんですか。

イ　今、建設会社に　勤めて　いると　聞きましたが。

田中　そうですか。会いたいですね。

チェーさんに　会ったら　よろしく　伝えて　ください。

イ　ええ、わかりました。

先生、いつか　ソウルに　遊びに　来ませんか。

田中　そうですね。ぜひ　一度　行って　みたいですね。

イ　落ち着いたら　手紙を　書きます。

それじゃ、今日は。

田中　じゃ、また。

イ　さようなら。

다나카	고국에 돌아가면 취직할 건가요?
이	아직 모르겠지만, 아마 아버지의 일을 돕게 될 거라고 생각합니다. 아버지는 작은 무역회사를 경영하고 있습니다.
다나카	그래요? 작년에 돌아간 선배 최 씨는 무엇을 하고 있나요?
이	지금 건설회사에서 근무하고 있다고 들었습니다만.
다나카	그래요? 보고 싶군요. 최 씨를 만나거든 안부 전해 주세요.
이	네, 알겠습니다. 선생님, 언젠가 서울에 놀러 오시지 않겠습니까?
다나카	그렇군요. 꼭 한번 가 보고 싶네요.
이	자리잡히면 편지하겠습니다. 그럼, 오늘은 이만.
다나카	그럼 다음에 또(봐요).
이	안녕히 계세요.

새로운 단어

しゅうしょく(就職)するんですか 취직할 겁니까? ▶就職する(취직하다) 3그룹 + ん + です か(~니까?)
ぼうえきがいしゃ(貿易会社) 무역회사
けいえい(経営)して いるんです 경영하고 있습니다 ▶経営する(경영하다) 3그룹 + て いる(~고 있다) + ん + です(~니다)
せんぱい(先輩) 선배
けんせつがいしゃ(建設会社) 건설회사

あ(会)ったら 만나면, 만나거든
 ▶会う(만나다) 1그룹 + たら(~면)
つた(伝)える 전하다 2그룹
よろしく つた(伝)えて ください 안부 전해 주세요
お(落)ちつ(着)いたら 자리잡히면
 ▶落ち着く(자리잡다, 안정되다) 1그룹 + たら (~면)

Kok! Kok! 문법

1. 조건을 나타내는 「～たら」의 용법

> 卒業式が　終わったら　帰ります。 졸업식이 끝나면 돌아갑니다.

「～たら」는 '～(하)면, ～(하)거든'이라는 뜻으로, 어떤 사실이 성립된 시점에서 그 사실을 조건으로 제시하며 말할 때 사용된다. 여기서 「～たら」는 앞으로 이루어질 일을 조건으로 말하는 것이므로 과거의 의미로 해석하지 않도록 한다. 접속 방법은 다음과 같다.

명사	ナ형용사	イ형용사	동사
雨だったら	暇だったら	おもしろかったら	会ったら

① 向こうに　着いたら　電話して　ください。 그쪽에 도착하거든 전화해 주세요.

② A 卒業したら　どうするんですか。 졸업하면 어떻게 할 겁니까?
　 B 大学院に　進みます。 대학원에 진학할 겁니다.

③ チェーさんに　会ったら　よろしく　伝えて　ください。
　 최 씨를 만나거든 안부 전해 주세요.

④ おなかが　すいたら　サンドイッチでも　食べて　ください。
　 배가 고파지면 샌드위치라도 드세요.

⑤ 読んで　みて、おもしろかったら　貸して　ください。
　 읽어 보고 재미있거든 빌려 주세요.

⑥ 暇だったら　遊びに　きて　ください。 한가하면 놀러 오세요.

⑦ 明日　雨だったら　どうしましょうか。 내일 비가 오면 어떻게 할까요?

 2 확인하거나 동의를 구하는 「〜でしょう」의 용법

> 帰国の 準備で 忙しいでしょう。 귀국 준비로 바쁘지요?

여기서 공부할 「でしょう」는 1과에서 배운 추측을 나타내는 「でしょう(〜겠지요)」와 다르다. 추측을 나타내는 「でしょう」는 뒤를 올려서 말하지 않지만, 여기서 공부할 「でしょう」는 상대방에게 확인하거나 동의를 구하는 표현이므로 약간 올려서 발음한다. 접속 방법은 다음과 같다.

	명사	ナ형용사	イ형용사	동사
현재	休みでしょう	大変でしょう	おいしいでしょう	帰るでしょう
과거	休みだったでしょう	大変だったでしょう	おいしかったでしょう	帰ったでしょう

① A 明日 帰るでしょう。 내일 돌아가지요?

　B ええ。 네.

　A 皆さまに よろしく。 여러분께 안부 전해 주세요.

　*여기서 「よろしく」는 '부탁합니다'라는 뜻이 아니라, 「よろしく 伝えて ください」와 같은 의미이다.

② A キムさんは この 小説、もう 読んだでしょう。 김 씨는 이 소설, 이미 읽었지요?

　B ええ。 네.

　A おもしろいですか。 재미있습니까?

　B ええ、とても おもしろいですよ。 네, 아주 재미있어요.

③ A 寒いでしょう。 춥지요?

　B はい、少し。 네, 조금.

　A 窓を 閉めましょうか。 창문을 닫을까요?

　B お願いします。 부탁합니다.

Kok! Kok! 문법

④ おいしかった**でしょう**。この 次に また 来ましょう。
　맛있었죠? 이 다음에 또 옵시다.

⑤ あの 人が 高橋さんです。きれい**でしょう**。 저 사람이 다카하시 씨입니다. 예쁘지요?

⑥ 受験勉強で 大変だった**でしょう**。これから 何が 一番 したいですか。
　수험공부로 힘들었죠? 이제부터 무엇이 제일 하고 싶습니까?

⑦ これは 木村さんの 車**でしょう**。すてきですね。 이것은 기무라 씨 차죠? 멋지군요.

⑧ A きのうは 休みだった**でしょう**。 어제는 휴일이었죠?
　B ええ、毎週 水曜日は 休みなんです。 네, 매주 수요일은 휴일입니다.

Check! 실력체크문제

1 「たら」를 사용하여 두 문장을 한 문장으로 만들어 보자.

① 田中先生に 会う。よろしく 伝えて ください。
　▶ _____

② 疲れる。休んで ください。
　▶ _____

③ おいしい。もっと 食べて ください。
　▶ _____

④ 日曜日だ。時間が あります。
　▶ _____

⑤ 大変だ。しないで ください。
　▶ _____

80 Check! 실력체크문제

2 짧은 글짓기

① 저 사람이 鈴木 씨이지요?
   ▶ _____

② 피곤하지요?
   ▶ _____

③ 木村 씨는 수영을 잘 하지요?
   ▶ _____

해답

1 ① 田中先生に 会ったら よろしく 伝えて ください。② 疲れたら 休んで ください。③ おいしかったら もっと 食べて ください。④ 日曜日だったら 時間が あります。⑤ 大変だったら しないで ください。

2 ① あの 人が 鈴木さんでしょう。② 疲れたでしょう。또는 疲れて いるでしょう。③ 木村さんは 水泳が 上手でしょう。

Lesson 07

練習すれば すぐ できると 思います。
연습하면 금방 할 수 있을 거라고 생각합니다.

핵심문장

01 どう 行けば いいんですか。
02 高橋さんは 運転が できますか。
03 上手に 話す ことが できません。

01 어떻게 가면 됩니까?
02 다카하시 씨는 운전을 할 수 있습니까?
03 능숙하게 말하지 못합니다.

82 Tok! Tok! 회화

1 CD15

キム　高橋さん、何を 見て いるんですか。

高橋　地下鉄の 路線図です。

　　　あのう、電子ランドに 行きたいんですが、どう 行けば いいんですか。

キム　高橋さんは 運転が できますか。

高橋　ええ、できますが、ソウルでは こわくて 運転したく ありません。

キム　そうですか。何か 買うんですか。

高橋　ええ、パソコンを 買いたいんです。

キム　パソコンが できるんですか。

高橋　いいえ、できませんが、練習すれば すぐ できると 思います。

김	다카하시 씨, 뭘 보고 있어요?
다카하시	지하철 노선도에요.
	저어, 전자랜드에 가고 싶은데, 어떻게 가면 되나요?
김	다카하시 씨는 운전을 할 수 있어요?
다카하시	네, 할 수 있지만, 서울에서는 무서워서 운전하고 싶지 않아요.
김	그래요? 뭔가 살 건가요?
다카하시	네, 컴퓨터를 사고 싶어요.
김	컴퓨터를 할 수 있어요?
다카하시	아니요, 못 하지만, 연습하면 금방 할 수 있을 거라고 생각해요.

새로운 단어

ろせんず(路線図) 노선도
でんし(電子)ランド 전자랜드
うんてん(運転) 운전
こわ(怖)くて 무서워서 ▶ 怖い(무섭다) + て(~어서)

~ば ~(하)면, ~라면
れんしゅう(練習)すれば 연습하면
　▶ 練習する(연습하다) 3그룹 + ば(~면)
できる 할 수 있다, 가능하다 2그룹

2

キム　　まず、2号線で　市庁まで　行って　ください。

そこで　1号線に　乗り換えれば　いいんです。

そして　三つ目の、ヨンサン駅で　降りてください。

高橋　　市庁で　乗り換えて、三つ目の　ヨンサン駅ですね。わかりました。

支払いは　カードでも　いいでしょうか。

キム　　ええ、大丈夫だと　思います。

でも、カードを　扱わない　店も　あると　聞きました。

高橋　　そうですか。留守番電話は　いくらぐらい　しますか。

キム　　さあ…　留守番電話も　買うんですか。

高橋　　ええ、あまり　高ければ　やめますが、安ければ　買いたいと　思います。

ところで、キムさん、日本語が　ずいぶん　上手に　なりましたね。

キム　　いいえ、まだまだです。なかなか　上手に　話す　ことが　できないんですよ。

김	우선 2호선으로 시청까지 가세요.
	거기에서 1호선으로 갈아타면 되요.
	그리고 세 번째인 용산역에서 내리세요.
다카하시	시청에서 갈아타서, 세 번째 용산역이요? 알겠어요.
	계산은 카드로 해도 될까요?
김	네, 괜찮을 거라고 생각해요.
	하지만, 카드를 취급하지 않는 상점도 있다고 들었어요.
다카하시	그래요? 자동응답전화기는 얼마 정도 하나요?
김	글쎄요…… 자동응답전화기도 살 거예요?
다카하시	네, 너무 비싸면 그만두겠지만, 싸면 사고 싶어요.
	그런데 김 씨, 일본어가 매우 능숙해졌네요.
김	아니에요, 아직 멀었어요.
	좀처럼 유창하게 말하지 못하겠어요.

새로운 단어

まず 우선
しちょう(市庁) 시청
の(乗)りか(換)えれば 갈아타면
　▶乗り換える(갈아타다) 2그룹 + ば(~면)
~に の(乗)りか(換)える ~(으)로 갈아타다
そして 그리고
ヨンサン 용산
しはら(支払)い 지불
カード(card) 카드 ▶credit card(신용카드)나 cash card(현금카드)의 줄임말

あつか(扱)わない 취급하지 않다
　▶扱う(취급하다) 1그룹 + ない(~지 않다)
るすばんでんわ(留守番電話) 자동응답전화기
や(止)める 그만두다 2그룹
ずいぶん 매우, 몹시, 퍽, 꽤
じょうず(上手)に 능숙하게
まだまだです 아직 멀었습니다
なかなか (부정의 말을 수반하여) 좀처럼, 도저히

Kok! Kok! 문법

꼭꼭 1-1 「〜が　できる」의 용법

> **運転が　できますか。** 운전을 할 수 있습니까?

「できる」는 '할 수 있다, 가능하다, 할 줄 안다, 잘한다'라는 뜻으로, 문맥에 따라서 아래의 예문 ①이나 ④와 같이 해석할 수도 있다. '〜을/를 할 수 있다'라고 할 경우에는「〜を　できる」라고 하지 않고「〜が　できる」라고 해야 한다는 것을 꼭 기억해 두자.
물론 '〜은/는 할 수 있지만, 〜은/는 할 수 없다'라는 비교문에서는「は」를 사용할 수 있다.

① A　ピアノが　できますか。 피아노를 칠 줄 압니까?
　　B　はい、少し　できます。 네, 조금 칠 줄 압니다.
② 私は　料理が　できません。 나는 요리를 못 합니다.
③ キムさんは　日本語は　よく　できますが、フランス語は　少ししか　できません。
　　김 씨는 일본어는 잘 하지만, 프랑스어는 조금밖에 못 합니다.
④ スケートは　できますが、スキーは　全然　できません。
　　스케이트는 탈 수 있습니다만, 스키는 전혀 못 탑니다.

1-2 가정을 나타내는 「~ば」

「~ば」는 '~(하)면'이라는 뜻이다. ば형을 만드는 방법은 다음과 같으며, ナ형용사와 명사의 가정형은 보통 「ば」를 생략하고 「なら」만 붙여 말한다.

동사 기본형의 끝음을 え단음으로 고치고 「ば」를 붙인다.	1그룹	行く 가다 ▶ 行けば 가면 (か き く けこ) 帰る 돌아가(오)다 ▶ 帰れば 돌아가(오)면 (ら り る れ ろ)	
	2그룹	見る 보다 ▶ 見れば 보면 (ら り る れ ろ) 食べる 먹다 ▶ 食べれば 먹으면 (ら り る れ ろ)	
	3그룹	来る 오다 ▶ 来れば 오면 する 하다 ▶ すれば 하면	
イ형용사 어미 「い」를 「けれ」로 고치고 「ば」를 붙인다.		暑い ▶ 暑ければ 더우면 いい ▶ よければ 좋으면 ない ▶ なければ 없으면	
ナ형용사 어미 「だ」를 「なら」로 고치고 「ば」를 붙인다.		嫌いだ 싫어하다 ▶ 嫌いなら(ば) 싫어하면 新鮮だ 신선하다 ▶ 新鮮なら(ば) 신선하면	
명사 끝에 「なら(ば)」를 붙인다.		コーヒー 커피 ▶ コーヒーなら(ば) 커피라면 日曜日 일요일 ▶ 日曜日なら(ば) 일요일이라면	

*イ형용사 「いい」의 가정형은 「よければ」이다. 「いければ」라는 말은 없으므로 주의하자.

꼭꼭 1-3 조건을 나타내는 「〜ば」

> 安(やす)けれ**ば** 買(か)いたいんです。 싸면 사고 싶습니다.

「〜ば」는 어떤 사실이 성립되기 위한 조건을 제시하며, 우리말로는 '〜(하)면'이라는 뜻이다. 여기서 다루고 있는 「ば」는 6과에서 배운 「たら」와 바꿔 쓸 수 있다.

① 今(いま)は できませんが、練習(れんしゅう)すれ**ば** すぐ できると 思(おも)います。
지금은 못 하지만, 연습하면 금방 할 수 있을 거라고 생각합니다.

② 天気(てんき)が よけれ**ば** 行(い)きますが、よく なけれ**ば** 行きません。
날씨가 좋으면 가지만, 좋지 않으면 가지 않습니다.

③ 新鮮(しんせん)**なら(ば)** 買(か)いますが、これは あまり 新鮮じゃ なさそうですね。
신선하면 사겠지만, 이것은 별로 신선한 것 같지 않군요.

④ ビール**なら(ば)** 飲(の)みますが、ウイスキーは ちょっと…。
맥주라면 마시겠지만, 위스키는 좀……。

꼭꼭 2-1 「ナ형용사의 어간 + に なる」의 용법

> 日本語(にほんご)が ずいぶん 上手(じょうず)**に** なりましたね。
> 일본어가 매우 능숙해졌군요.

ナ형용사에 동사 「なる」가 연결되어 「ナ형용사의 어간 + に なる」가 되면, '〜해 지다'라는 뜻이 된다. 명사의 경우는 「명사 + に なる」이며(입문편 21과), イ형용사의 경우는 「イ형용사의 어간 + く なる」(초급편 5과)가 된다는 것은 앞에서 공부했다.

① あの 人(ひと)は この 歌(うた)で 有名(ゆうめい)に なりました。 저 사람은 이 노래로 유명해졌습니다.
② 教室(きょうしつ)の 中(なか)は 急(きゅう)に 静(しず)かに なりました。 교실 안은 갑자기 조용해졌습니다.
③ 結婚(けっこん)してから もっと きれいに なりましたね。 결혼하고 나서 더 예뻐졌군요.

꼭! 2-2 가능을 나타내는 「동사의 기본형 + ことが できる」 표현

> A 日本語(にほんご)を 上手(じょうず)に 話(はな)す ことが できますか。
> 일본어를 능숙하게 말할 수 있습니까?
>
> B いいえ、なかなか 上手に 話す ことが できません。
> 아니요, 좀처럼 능숙하게 말하지 못합니다.

「동사의 기본형 + ことが できる」는 '~할 수 있다'라는 뜻으로, 어떤 일이 가능함을 나타낸다.

① A 日本語で 手紙(てがみ)を 書(か)く ことが できますか。 일본어로 편지를 쓸 수 있습니까?

　 B はい、できます。 네, 쓸 수 있습니다.

② A 週(しゅう)に 何回(なんかい) 来(く)る ことが できますか。 일주일에 몇 번 올 수 있습니까?

　 B 週に 3回は 来る ことが できます。 일주일에 세 번은 올 수 있습니다.

③ A 英語(えいご)の 歌(うた)を 歌(うた)う ことが できますか。 영어 노래를 부를 수 있습니까?

　 B ええ。でも、上手に 歌う ことは できません。 네, 하지만 잘 부르지는 못합니다.

Kok! Kok! 심화학습

1 명사를 수식하는「동사의 ない형」의 용법

> カードを 扱わない 店も あると 聞きました。
> 카드를 취급하지 않는 가게도 있다고 들었습니다.

동사의 ない형이 뒤에 오는 명사를 수식할 경우에는 '~하지 않는 ~'라는 뜻이 된다.

① わからない 人は 手を 上げて ください。 모르는 사람은 손을 들어 주세요.

② そう 思わない 人も います。 그렇게 생각하지 않는 사람도 있습니다.

③ 使わない 物は 私に ください。 사용하지 않는 물건은 저에게 주십시오.

1 다음 표를 보고 ①～③의 문장을 완성해 보자.

- ● よく　できる
- ○ 少し　できる
- × できない

	英語	運転	料理	水泳
イー	○	×	○	●
佐藤	●	○	×	○
木村	○	●	○	○
パク	○	×	●	○

① 水泳＿＿＿＿　一番　＿＿＿＿　人は　イーさんです。

② 佐藤さんは　運転と　水泳は　＿＿＿＿が、料理は　＿＿＿＿。

③ パクさんは　運転＿＿＿＿　全然　＿＿＿＿。

2 (　) 안의 단어를 알맞은 형태로 고쳐 보자.

① A　留守番電話も　買うんですか。
　 B　ええ、＿＿＿＿ば　買いたいんです。
　　　　　　(安い)

② 天気が　＿＿＿＿ば　行きますが、＿＿＿＿ば　行きません。
　　　　　　(いい)　　　　　　　　　(よくない)

③ テニスなら　＿＿＿＿が、サッカーは　＿＿＿＿。
　　　　　　　(できる)　　　　　　　(できない)

④ A　お寿司は　まだ　一度も　作った　ことが　ないんですが。
　 B　大丈夫です。本を　＿＿＿＿ば　すぐ　＿＿＿＿。
　　　　　　　　　　　　(見る)　　　　　　(作る)

92 → Check! 실력체크문제

3 그림을 보고 (　) 안의 단어를 알맞은 형태로 고쳐 보자.

① ＿＿＿＿＿＿＿なりました。
　　（元気だ）

② ＿＿＿＿＿＿＿なりました。
　　（静かだ）

③ ＿＿＿＿＿＿＿なりました。
　　（有名だ）

4 짧은 글짓기

① 바쁘면 지금 하지 않아도 됩니다.
　▶ ＿＿＿＿＿＿＿＿＿＿＿＿＿＿＿＿＿＿＿＿

② 이 차는 뜨거워서 마실 수가 없습니다.
　▶ ＿＿＿＿＿＿＿＿＿＿＿＿＿＿＿＿＿＿＿＿

③ 몸이 아파서 학교에 갈 수 없습니다.
　▶ ＿＿＿＿＿＿＿＿＿＿＿＿＿＿＿＿＿＿＿＿

해답

1　①が, よく　できる　②少し　できます, できません　③が 또는 は, できません
2　①安けれ　②よけれ, よく　なけれ　③できます, できません　④見れ, 作る　ことが　できます
3　①元気に　②静かに　③有名に
4　①忙しければ　今　しなくても　いいです。*「忙しければ」 대신에 「忙しかったら」라고 해도 된다.
　　②この　お茶は　熱くて　飲む　ことが　できません。*「熱くて」 대신에 「熱いので」라고 해도 된다.
　　③体の　具合が　悪いので　学校へ　行けません。*「悪いので」 대신에 「悪くて」라고 해도 된다.

Lesson 08

材料は 買って あるんですが。

재료는 사 놓았는데요.

핵심문장

01 あちらの テーブルの 上に 置いて あります。

02 野菜は 全部 洗って おきました。

01 저 쪽 테이블 위에 놓여 있습니다.
02 채소는 전부 씻어 두었습니다.

1

高橋　パクさん、ちょっと　お願いが　あるんですが。

パク　はい、何ですか。

高橋　今日、引っ越し祝いで、友達を　招待したんですが、

料理が　下手なので、心配なんですよ。

パク　だれか、手伝いに　来ないんですか。

高橋　ええ、みんな　忙しいので……。

パク　じゃ、私が　ちょっと　手伝いましょうか。

高橋　ありがとうございます。助かります。

다카하시	박 씨, 부탁이 좀 있는데요.
박	네, 뭔데요?
다카하시	오늘, 집들이로 친구를 초대했는데, 요리를 잘 못해서 걱정이에요.
박	누군가 도와 주러 오지 않나요?
다카하시	네, 모두 바빠서…….
박	그럼, 제가 좀 도와 드릴까요?
다카하시	감사합니다. 다행이에요(도움받을 수 있어서 다행이에요).

새로운 단어

- おねが(願)い 부탁 ▶「お」는 말을 품위있게 하는 접두사
- ひ(引)っこ(越)し 이사
- ひ(引)っこ(越)しいわ(祝)い 집들이
- しょうたい(招待)する 초대하다 3그룹
- たす(助)かる 도움이 되다 1그룹

高橋　材料は　もう　買って　あるんですが、まだ　何も　作って　いないんです。

パク　野菜は　どこに　あるんですか。

高橋　あ、野菜は　全部　洗って　おきました。冷蔵庫の　中です。

パク　お肉は？

高橋　お肉は　そちらに　出して　あります。

パク　どこですか。

高橋　食卓の　上です。

パク　あ、これですね。高橋さん、お皿は　どこですか。

高橋　あちらの　テーブルの　上に　置いて　あります。

다카하시	재료는 벌써 사 놓았는데요, 아직 아무것도 만들지 않았어요.
박	채소는 어디에 있어요?
다카하시	아, 채소는 전부 씻어 두었어요. 냉장고 안에 있어요.
박	고기는요?
다카하시	고기는 그 쪽에 꺼내 놓았어요.
박	어디요?
다카하시	식탁 위에요.
박	아, 이거군요. 다카하시 씨, 접시는 어디에 있나요?
다카하시	저 쪽 테이블 위에 놓여 있어요.

새로운 단어

ざいりょう(材料) 재료
～て ある ① ~해 두었다, ~해 놓았다 ② ~되어 있다
か(買)って ある 사 두다, 사 놓다
　▶買う(사다) 1그룹 + て ある(~해 놓(두)다)
ぜんぶ(全部) 전부
れいぞうこ(冷蔵庫) 냉장고
おにく(肉) 고기 ▶「お」는 말을 품위있게 하는 접두사

だ(出)して あります 꺼내 놓았습니다
　▶出す(꺼내다, 내다) 1그룹 + て あります(~해 놓았(두었)습니다)
しょくたく(食卓) 식탁
おさら(皿) 접시 ▶「お」는 말을 품위있게 하는 접두사

3

パク　お寿司は　注文したんですか。

高橋　ええ、スーパーの　隣の　お寿司屋さんに　注文して　おきました。

パク　あ、もう　注文して　あるんですね。

じゃ、これだけ　作って　おけば　いいですね。

高橋　ええ、お願いします。

박	초밥은 주문했나요?
다카하시	네, 슈퍼마켓 옆 초밥집에 주문해 두었어요.
박	아, 벌써 주문해 놓았군요.
	그럼, 이것만 만들어 놓으면 되겠네요.
다카하시	네, 부탁해요.

새로운 단어

~だけ ~만, ~뿐

Kok! Kok! 문법

1 「〜て ある」의 용법

> 材料（ざいりょう）は　もう　買（か）って　あるんです。 재료는 벌써 사 놓았습니다.

「〜て ある」는 크게 두 가지 의미를 가지고 있다. 하나는 결과의 상태를 나타내는 '〜되어 있다'이고, 또 하나는 위의 예문에서 알 수 있듯이 동작이 끝났음을 나타내는 '〜해 놓았다, 〜해 두었다'이다.

① 壁（かべ）に　時計（とけい）が　かけて　あります。 벽에 시계가 걸려 있습니다.
② 窓（まど）が　開（あ）けて　あります。 창문이 열려 있습니다.
③ 部屋（へや）の　掃除（そうじ）が　して　あります。 방 청소가 되어 있습니다.
④ 願書（がんしょ）は　もう　出（だ）して　あります。 원서는 벌써 냈습니다.
⑤ A 予約（よやく）は　しましたか。 예약은 했습니까?
　 B ええ、もう　して　あります。 네, 이미 해 놓았습니다.
⑥ ビールは　買って　あります。 맥주는 사 놓았습니다.
⑦ お寿司（すし）は　もう　注文（ちゅうもん）して　あります。 초밥은 벌써 주문해 놓았습니다.

*④〜⑦의「〜て　あります」를「〜て　ありました」라고 할 수는 없다.

꼭 2 「〜て おく」의 용법

> 野菜は 全部 洗って おきました。 채소는 전부 씻어 두었습니다.

「〜て おく」는 '〜해 두다, 〜해 놓다'라는 뜻으로 지속되는 상태나 어떤 일을 위한 준비를 나타낸다.

① 部屋の 空気が 悪いので、しばらく 窓を 開けて おきました。
   방의 공기가 나쁘기 때문에, 잠시 창문을 열어 두었습니다.

② 約束の 時間を 忘れては いけないので、いつも メモを して おきます。
   약속 시간을 잊어서는 안 되기 때문에, 항상 메모를 해 둡니다.

③ 一週間 前に 切符を 予約して おきました。 일주일 전에 표를 예약해 두었습니다.

④ お客さんが 来るので、ビールを 買って おきました。
   손님이 오기 때문에 맥주를 사 놓았습니다.

1 「〜て います」와 「〜て あります」

① 窓を 開けて います。 창문을 열고 있습니다. 〈진행〉

② 窓が 開いて います。 창문이 열려 있습니다. 〈결과의 상태〉

③ 窓が 開けて あります。 창문이 열려 있습니다. 〈결과의 상태〉

④ 窓が 開いて あります。(×)

「開ける」는 타동사 '열다'이고, 「開く」는 자동사 '열리다'이다. 이와 같이 서로 쌍이 되는 자·타동사가 있을 때에는 위의 ④와 같이 말할 수 없다. 즉, 자동사는 「〜て あります」와 접속하지 않는다. 또한 「〜て います」는 진행과 결과의 상태를 나타내지만, 「〜て あります」는 결과의 상태만을 나타낸다. ②와 ③ 둘 다 결과의 상태를 나타낸다는 점은 같다. 그러나 ③은 '누군가가 어떤 목적을 위해 그렇게 해 놓았다'라는 느낌을 나타내지만, ②는 단순히 그런 상태만을 표현하고 있는 점이 다르다.

2 한정을 나타내는 「だけ」

> これだけ 作って おけば いいですね。 이것만 만들어 놓으면 되겠군요.

「だけ」는 한정의 의미를 나타내며 '〜만'이라는 뜻이다.

① 友達にだけ 話しました。 친구한테만 이야기했습니다.

② 二人だけで 会いたい。 둘이서만 만나고 싶다.

* 4과에서 공부한 「ばかり」도 「だけ」와 같이 한정의 뜻을 가지고 있다. 따라서 바꿔 쓸 수 있는 경우도 있지만, 그렇지 못한 경우도 있다. 다음은 「だけ」를 「ばかり」로 바꾸면 의미가 달라지는 경우이다. 다음을 비교해 보자.

ⓐ ビールだけ 飲みました。 맥주만 마셨습니다.

ⓑ ビールばかり 飲みました。 맥주만 마셨습니다.

* ⓐ는 여러 가지 음료가 있지만, 다른 것은 마시지 않고 맥주만 마셨다는 뜻이 되고, ⓑ는 다른 음료도 조금은 마시지만 거의 맥주만 마셨다는 뜻이다. 또한 ⓑ에는 '많이 마셨다'라는 뉘앙스도 포함되어 있다.

Check! 실력체크문제 ←103

1 「～て おく」를 사용하여 문장을 완성해 보자.

① お客さんが 来るので、家を ＿＿＿＿＿＿＿＿ました。
　　　　　　　　　　　　　　　　　（掃除する）

② 忘れては いけないので、いつも メモを ＿＿＿＿＿＿＿＿。
　　　　　　　　　　　　　　　　　　　　　　　　　（する）

③ 料理を する 前に 材料を ＿＿＿＿＿＿＿＿て ください。
　　　　　　　　　　　　　　　　　（切る）

④ 一か月 前に ホテルを ＿＿＿＿＿＿＿＿て ください。
　　　　　　　　　　　　　　　　（予約する）

2 「～て ある」를 사용하여 문장을 완성해 보자.

① 壁に 写真が ＿＿＿＿＿＿＿＿＿＿＿＿。(かける)

② 宿題は もう ＿＿＿＿＿＿＿＿＿＿＿。(する)

③ 窓が ＿＿＿＿＿＿＿＿＿＿＿。(開ける)

④ A ビールは 買って おきましたか。
　　B ええ、もう ＿＿＿＿＿＿＿＿＿＿＿＿。

⑤ A お寿司は 注文しましたか。
　　B ええ、お寿司屋さんに ＿＿＿＿＿＿＿＿＿＿＿＿。

⑥ A 野菜サラダは 作りましたか。
　　B ええ、もう ＿＿＿＿＿＿＿＿＿＿＿＿。

Check! 실력체크문제

3 짧은 글짓기

① 테이블 위에 커피가 놓여 있습니다.
   ▶ _____

② 교실의 입구에는 교실번호가 쓰여 있습니다.
   ▶ _____

③ 방이 더워서 창문을 열어 두었습니다.
   ▶ _____

해답

1 ①掃除して おき ②して おきます ③切って おい ④予約して おい
2 ①かけて あります ②して あります ③開けて あります ④買って あります ⑤注文して あります ⑥作って あります
3 ①テーブルの 上に コーヒーが 置いて あります。②教室の 入口には 教室の 番号が 書いて あります。③部屋が 暑くて 窓を 開けて おきました。

Lesson 09

病院へ 行かなければ なりません。
병원에 가지 않으면 안 됩니다.

핵심문장

01 病院へ 行かなければ なりません。
02 あまり 心配しなくても いいですよ。

01 병원에 가지 않으면 안 됩니다(가야 합니다).
02 그다지 걱정하지 않아도 돼요.

Tok! Tok! 회화

1

キム　　木村さん、今日　帰りに　1杯　飲みませんか。

木村　　すみません。ちょっと　病院へ　行かなければ　ならないんです。

　　　　予約して　あるんです。

キム　　えっ、どこか　悪いんですか。

木村　　ええ、少し　胃が　痛いんです。

김　　　　기무라 씨, 오늘 퇴근하고 한 잔 하지 않을래요?
기무라　　죄송해요. 병원에 좀 가야 해요. 예약해 놓았거든요.
김　　　　아니! 어디 아파요?
기무라　　네, 위가 좀 아파서요.

새로운 단어

いっぱい(一杯) 한 잔 ▶ ～杯(はい)～잔, ～공기
(잔이나 그릇에 담긴 음료, 음식 등을 세는 단위)
びょういん(病院) 병원

い(行)かなければ なりません 가지 않으면 안 됩니다 ▶ 行く(가다) 1그룹 + なければ なりません(～지 않으면 안 됩니다)
い(胃) 위

108 → Tok! Tok! 회화

2

医者 　胃炎ですね。これから、お酒と　たばこは　やめて　ください。

　　　辛い物や　しょっぱい物も　避けて　ください。胃に　よく　ないんですよ。

　　　それに　仕事で　あまり　無理しないで　ください。

木村　　すぐ　治るでしょうか。

医者　　あまり　心配しなくても　いいですよ。

　　　でも、しばらく　薬を　飲まなければ　なりません。

木村　　どのくらい　飲めば　治るでしょうか。

医者　　1週間ぐらい　飲んで　みて　ください。

　　　薬は、受付で　もらって　いって　ください。

의사	위염이군요. 이제부터 술과 담배는 끊으세요.
	매운 것(음식)이나 짠 것(음식)도 피해 주세요. 위에 좋지 않거든요.
	그리고 일로 너무 무리하지 마세요.
기무라	곧 나을까요?
의사	그다지 걱정하지 않아도 돼요.
	하지만 당분간 약을 먹지 않으면 안 됩니다.
기무라	어느 정도 복용하면 나을까요?
의사	일주일 정도 복용해 보세요.
	약은 접수처에서 받아 가세요.

새로운 단어

いしゃ(医者) 의사
いえん(胃炎) 위염
から(辛)い 맵다
しょっぱい 짜다
さ(避)けて ください 피해 주세요
　▶避ける(피하다) 2그룹 + て ください(~해 주세요)
あまり 너무, 그다지, 별로

むり(無理)しないで ください 무리하지 마세요 ▶無理する(무리하다) 3그룹 + ないで ください(~지 마세요)
しばらく 당분간, 잠시
うけつけ(受付) 접수처
もらって いって ください 받아 가세요
　▶もらう(받다) 1그룹 + 行く(가다) + て ください(~해 주세요)

3

受付　木村さん。お薬と　保険証と　診察券です。

　　　お薬は　1日　3回、食後に　飲んで　ください。

木村　食後に　3回ですね。わかりました。

　　　この　次からは　保険証は　持って　こなくても　いいんですか。

受付　ええ、診察券だけで　いいです。お大事に。

| 접수처 | 기무라 씨. 약과 보험증과 진찰권입니다.
약은 하루에 세 번, 식후에 드세요.
| 기무라 | 식후에 세 번요? 알겠습니다.
이 다음부터는 보험증은 가지고 오지 않아도 되나요?
| 접수처 | 네, 진찰권만 있으면 되요. 몸조리 잘 하세요.

새로운 단어

ほけんしょう(保険証) 보험증
しんさつけん(診察券) 진찰권

しょくご(食後) 식후

Kok! Kok! 문법

꼭꼭문법 1-1 '~잔'을 세는 법

> 何杯ですか。 몇 잔입니까?

一杯	二杯	三杯	四杯	五杯
いっぱい	にはい	さんばい	よんはい	ごはい
한 잔	두 잔	세 잔	네 잔	다섯 잔
六杯	七杯	八杯	九杯	十杯
ろっぱい	ななはい	はっぱい	きゅうはい	じゅっぱい
여섯 잔	일곱 잔	여덟 잔	아홉 잔	열 잔

꼭꼭문법 1-2 「～なければ なりません」의 용법

> 病院へ 行か**なければ なりません**。
> 병원에 가지 않으면 안 됩니다(가야 합니다).

「～なければ なりません」은 '~(하)지 않으면 안 됩니다, ~(해)야 합니다'라는 뜻으로, 동사의 ない형(부정형)에 접속된다. 「～なければ なりません」은 규칙이나 법률로 정해져 있는 것, 그렇게 하는 것이 일반적인 것, 약속으로 정해져 있는 것 등을 말할 때 주로 사용한다.

① スポーツを する 時は ルールを 守ら**なければ なりません**。
　 스포츠를 할 때는 규칙을 지켜야 합니다.

② 日本では 車は 道の 左側を 走ら**なければ なりません**。
　 일본에서는 차는 길의 왼쪽을 달려야 합니다.

③ A お茶でも 飲んで 帰りませんか。 차라도 마시고 돌아가지 않겠습니까?
　 B 今日は 早く 帰って 母の 手伝いを し**なければ ならないんです**。
　 오늘은 일찍 돌아가 엄마를 도와 드려야 합니다.

④ もっと 熱心に 勉強し**なければ なりません**。 더 열심히 공부해야 합니다.

⑤ 明日(あした)までに レポートを 出(だ)さなくては なりません。
　　내일까지 리포트를 내야 합니다.

*「〜なくては なりません」도 「〜なければ なりません」과 같은 의미로 쓸 수 있다. 또다른 표현으로 「〜なくては いけません(〜(하)지 않으면 안 됩니다, 〜(해)야 합니다)」이 있는데, 「〜なければ なりません」이 규칙이나 약속으로 정해진 것을 말할 때 쓴다면, 「〜なくては いけません」은 말하는 사람의 생각이나 의견을 말할 때 주로 사용한다.

2-1 「なくても いいです」의 용법

> あまり 心配(しんぱい)しなくても いいですよ。 그다지 걱정하지 않아도 돼요.

「〜なくても いいです」는 '〜(하)지 않아도 됩니다(괜찮습니다)'라는 뜻으로 동사의 ない형(부정형)에 접속한다.

① 嫌(きら)いな ものは 食(た)べなくても いいですか。 싫어하는 것은 먹지 않아도 됩니까?
② 明日(あした)は 早(はや)く 起(お)きなくても いいです。 내일은 일찍 일어나지 않아도 됩니다.
③ 忙(いそが)しかったら 来(こ)なくても いいです。 바쁘면 오지 않아도 됩니다.
④ A 今日(きょう)も 早(はや)く 帰(かえ)らなければ ならないんですか。 오늘도 일찍 돌아가야 합니까?
　 B いいえ、今日は 早く 帰らなくても いいです。
　　　아니요, 오늘은 일찍 돌아가지 않아도 괜찮습니다.

Kok! Kok! 심화학습

1 한국인이 틀리기 쉬운 일본어 표현

① 약을 먹다 →
- (○) 薬を 飲む
- (×) 薬を 食べる

② 집에 가다 →
- (○) 家へ 帰る
- (×) 家へ 行く

③ 몸이 아프다 →
- (○) 体の 具合が 悪い
- (×) 体が 痛い

④ 날씨가 덥다 →
- (○) 暑い
- (×) 天気が 暑い

⑤ 시원한 물 →
- (○) 冷たい 水
- (×) 涼しい 水

*「涼しい(시원하다)」는 '공기나 바람 등이 시원하다'고 할 때 쓴다.

Check! 실력체크문제 ← 115

1 ( ) 안의 단어를 알맞은 형태로 고쳐 보자.

① 忙しかったら ＿＿＿＿＿＿ いいです。
　　　　　　　　　(来る)

② 週末は　予約を ＿＿＿＿＿＿ なりませんよ。
　　　　　　　　　(する)

③ あまり ＿＿＿＿＿＿ いいです。
　　　　　(心配する)

④ 会社の　仕事で　東京へ ＿＿＿＿＿＿ ならないんです。
　　　　　　　　　　　　　(行く)

⑤ 約束は ＿＿＿＿＿＿ なりません。
　　　　　(守る)

⑥ 金曜日までに　レポートを ＿＿＿＿＿＿ なりません。
　　　　　　　　　　　　　(出す)

⑦ 1時に　予約が　あるので　12時ごろ　家を ＿＿＿＿＿＿ なりません。
　　　　　　　　　　　　　　　　　　　　　(出る)

⑧ 嫌いな　ものは　無理に ＿＿＿＿＿＿ いいです。
　　　　　　　　　　　　(食べる)

Check! 실력체크문제

2 짧은 글짓기

① 오늘은 밤 늦게까지 일하지 않으면 안 됩니다.
▶ _____

② 가족이나 친구에게 한 약속은 지키지 않으면 안 됩니다.
▶ _____

③ 식욕이 없으면 먹지 않아도 됩니다.
▶ _____

해답

1 ① 来なくても ② しなければ(しなくては) ③ 心配しなくても ④ 行かなければ(行かなくては) ⑤ 守らなければ(守らなくては) ⑥ 出さなければ(出さなくては) ⑦ 出なければ(出なくては) ⑧ 食べなくても

2 ① 今日は 夜遅くまで 仕事を しなければ(しなくては) なりません。② 家族や 友達との 約束は 守らなければ(守らなくては) なりません。③ 食欲が なければ 食べなくても いいです。

Lesson 10

安く 買うなら、秋葉原に 行った ほうが いいです。

싸게 사려면, 아키하바라에 가는 게 좋습니다.

핵심문장

01 電気製品を 買うなら 秋葉原が 一番です。

02 カードか トラベラーズ・チェックを 使った ほうが いいです。

03 現金は あまり 持って いかない ほうが いいです。

01 전기제품을 사려면 아키하바라가 제일입니다.
02 (신용)카드나 여행자 수표를 사용하는 게 좋습니다.
03 현금은 그다지 가지고 가지 않는 게 좋습니다.

118 → Tok! Tok! 회화

1

キム 高橋さん、日本へ 行ったら、ビデオカメラを 買いたいんですが。

どこへ 行けば 安く 買う ことが できますか。

高橋 安く 買うなら、秋葉原に 行った ほうが いいですよ。

キム あきはばら？

高橋 ええ、電気製品を 買うなら 秋葉原が 一番です。

交通も 便利だし、とても 安いんです。

김	다카하시 씨, 일본에 가면 비디오 카메라를 사고 싶은데요. 어디에 가면 싸게 살 수 있나요?
다카하시	싸게 사려면, 아키하바라에 가는 게 좋아요.
김	아키하바라?
다카하시	네, 전기제품을 사려면 아키하바라가 제일이에요. 교통도 편리하고, 아주 싸거든요.

새로운 단어

ビデオカメラ(video camera) 비디오 카메라
～なら ～면
あきはばら(秋葉原) 아키하바라 ▶일본의 지명 (地名)
～た ほうが いいです ～하는 게 좋습니다, ～하는 편이 좋습니다
でんきせいひん(電気製品) 전기제품, 전자제품
～が いちばん(一番)です ～이/가 최고입니다, ～이/가 제일입니다

2

キム　それから、東京見物（とうきょうけんぶつ）を　したいんですが。

高橋（たかはし）　東京見物なら、はとバスを　利用（りよう）した　ほうが　いいと　思（おも）いますよ。

キム　はとバスですか。

高橋　ええ。はとバスは　東京の　名所（めいしょ）めぐりを　する　バスです。一日（いちにち）コースか　半日（はんにち）コースの　どちらかを　自由（じゆう）に　選（えら）ぶ　ことが　できるんですよ。

김	그리고 나서, 도쿄 구경을 하고 싶은데요.
다카하시	도쿄 구경이라면, 하토 버스를 이용하는 편이 좋을 거라고 생각해요.
김	하토 버스요?
다카하시	네. 하토 버스는 도쿄의 명소 순례를 하는 버스에요.
	하루 코스나 반나절 코스 중에서 어느 쪽이든 자유롭게 선택할 수 있어요.

새로운 단어

けんぶつ(見物) 구경
はとバス 하토 버스 ▶ 도쿄의 관광 명소를 순례하는 버스 이름
りよう(利用)する 이용하다 3그룹
めいしょ(名所)めぐり 명소 순례 ▶「めぐり」는 「巡る(めぐ)(돌다) 1그룹」에서 생긴 명사

コース(course) 코스
はんにち(半日) 반나절
じゆうに(自由に) 자유롭게 ▶ 自由(자유로움) + に(~하게)
えら(選)ぶ 고르다, 선택하다 1그룹

3

高橋: お泊まりは どこですか。

キム: まだ 予約は して いないんですが、ホテルに 泊まりたいんです。

高橋: ホテルに 泊まるなら、早めに 予約して おかなければ なりませんよ。飛行機も 2、3日 前に 予約を 確かめた ほうが いいと 思いますよ。

キム: お金は 現金で 持って いった ほうが いいでしょうか。

高橋: 現金は あまり 持って いかない ほうが いいんじゃ ありませんか。カードか トラベラーズ・チェックを 使った ほうが いいと 思います。

다카하시	숙소는 어디에요?
김	아직 예약은 하지 않았지만, 호텔에 묵고 싶어요.
다카하시	호텔에 묵으려면, 일찌감치 예약해 놓아야 해요. 비행기도 2, 3일 전에 예약을 확인하는 편이 좋을 거라고 생각해요.
김	돈은 현금으로 가지고 가는 게 좋을까요?
다카하시	현금은 그다지 가지고 가지 않는 것이 좋지 않을까요? (신용)카드나 여행자 수표를 사용하는 편이 좋을 거라고 생각해요.

새로운 단어

おと(泊)まり 숙소 ▶「泊まり」는「泊まる(묵다) 1그룹」에서 생긴 명사.「お」는 경의를 나타내는 접두어

と(泊)まりたいんです 묵고 싶습니다 ▶泊まる(묵다) + たい(~고 싶다) + ん + です(~습니다)

はや(早)めに 일찌감치 ▶早め(일찌감치 ~함) + に(~하게)

たし(確)かめた ほうが いい 확인하는 편이 좋다 ▶確かめる(확인하다) 2그룹 + た ほうが いい(~하는 편이 좋다)

げんきん(現金) 현금

トラベラーズ・チェック(traveler's check) 여행자 수표

~ない ほうが いい ~(하)지 않는 편이 좋다, ~(하)지 않는 게 좋다

124 → Kok! Kok! 문법

꼭꼭문법 1-1 충고·조언의 표현 「～た ほうが いいです」

> 秋葉原(あきはばら)に 行(い)った ほうが いいですよ。 아키하바라에 가는 게 좋아요.

「～た ほうが いいです」는 '～(하)는 편이 좋습니다, ～(하)는 게 좋습니다'라는 뜻으로 충고나 조언을 할 때 많이 사용한다. 동사의 보통체 과거형에 「ほうが いいです」가 연결된 형태인데, 과거형이 쓰였다고 해서 과거의 일이라고 이해해서는 안 된다.

① 疲(つか)れた ときは ゆっくり 休(やす)んだ ほうが いいです。
　 피곤할 때는 푹 쉬는 게 좋습니다.
　 *「疲れた とき」는 「疲れて いる とき」와 같은 뜻으로, 현재의 상태를 나타낸다.

② 早(はや)く 病院(びょういん)に 行(い)った ほうが いいんじゃ ありませんか。
　 빨리 병원에 가는 편이 좋지 않겠습니까?

③ 切符(きっぷ)を 予約(よやく)して おいた ほうが いいと 思(おも)います。
　 표를 예약해 놓는 게 좋을 거라고 생각합니다.

④ A 傘(かさ)を 持(も)って いった ほうが いいでしょうか。
　 　 우산을 가지고 가는 게 좋을까요?
　 B ええ、その ほうが いいと 思います。 네, 그 편이 좋을 거라고 생각합니다.

꼭꼭문법 1-2 조건을 나타내는 「～なら」의 용법

> 電気製品(でんきせいひん)を 買(か)うなら 秋葉原(あきはばら)が 一番(いちばん)です。
> 전기제품을 사려면 아키하바라가 제일입니다.

「～なら」는 '～면'이라는 뜻으로, 상대방이 한 말을 받아서 조건으로 말할 때 사용한다. 접속 방법은 다음과 같다.

명사	ナ형용사	イ형용사	동사
予約(よやく)なら	暇(ひま)なら	忙(いそが)しいなら	行(い)くなら

① A シンチョンに 行きたいんですが、どこで 乗り換えれば いいんですか。
　　신촌에 가고 싶은데, 어디서 갈아타면 됩니까?
　B シンチョンに 行くなら 市庁で 乗り換えれば いいんですよ。
　　신촌에 가려면 시청에서 갈아타면 돼요.
② A 明日は ちょっと 忙しいんですが。 내일은 좀 바쁜데요.
　B 忙しいなら 来なくても いいです。 바쁘면 오지 않아도 됩니다.
③ A 来週からは 暇です。 다음 주부터는 한가합니다.
　B 暇なら 旅行にでも 行きませんか。 한가하면 여행이라도 가지 않겠습니까?
④ A 飛行機の 予約は しましたか。 비행기 예약은 했습니까?
　B 飛行機の 予約なら もう して あります。 비행기 예약이라면 벌써 해 놓았습니다.

꼭꼭 3-1 「～ない ほうが いいです」 표현

> **持って 行かない ほうが いいんじゃ ありませんか。**
> 가지고 가지 않는 편이 좋지 않겠습니까?

「～ない ほうが いいです」는 '～(하)지 않는 편(것)이 좋습니다'라는 뜻으로, 「～た ほうが いいです(～(하)는 편이 좋습니다)」의 부정 표현이다. 긍정 표현이 과거형을 사용했다고 해서 부정 표현을 「～なかった ほうが いいです」라고 하지 않도록 주의한다. 이 표현은 동사의 ない형(부정형)에 연결된다.

① だれにも 話さない ほうが いいと 思います。
　아무에게도 이야기하지 않는 게 좋을 거라고 생각합니다.
② 夜 遅く 電話しない ほうが いいですよ。 밤 늦게 전화하지 않는 게 좋아요.
③ 風邪の ときは 無理しない ほうが いいですよ。
　감기 들었을 때는 무리하지 않는 게 좋아요.

Kok! Kok! 심화학습

1 「Aか B」의 표현

> 一日(いちにち) コース**か** 半日(はんにち) コース 하루 코스나 반나절 코스

「Aか B」는 'A나 B, A 또는 B'라는 뜻으로, '둘 중의 하나'를 나타내는 표현이다.

① ワープロか コンピューターが できますか。 워드프로세서나 컴퓨터를 다룰 수 있습니까?
② 朝(あさ)は 牛乳(ぎゅうにゅう)か コーヒーを 飲(の)みます。 아침에는 우유나 커피를 마십니다.

2 접미사 「〜め」의 용법

> 早(はや)**め**に 予約(よやく)して おかなければ なりませんよ。
> 일찌감치 예약해 놓아야 해요.

「め」는 접미사로서 형용사의 어간에 붙어 성질이나 경향, 정도를 어림하여 나타내는 표현으로, 「早め」는 '정해진 시간보다 좀 더 빠른 것'을 의미한다. 「早め」는 형용사이므로 동사를 수식할 때는 「早めに」가 된다.

① 少(すこ)し 長(なが)めの スカート。 좀 긴 듯한 스커트.
② 多(おお)めに 作(つく)りました。 약간 많이(넉넉하게) 만들었습니다.

Check! 실력체크문제 ←127

1 「なら」를 사용하여 문장을 완성해 보자.

① A　だれか　日本語が　できる　人は　いませんか。
　 B　_____　キムさんが　できます。

② A　昼ご飯は　とんカツです。
　 B　_____　あまり　食べたく　ありません。

③ A　少し　暑いですね。
　 B　_____　窓を　開けて　ください。

④ A　私は　バナナが　好きです。
　 B　_____　もう　一つ　どうぞ。

⑤ A　バスで　行く　予定です。
　 B　_____　早めに　家を　出なくては　いけません。

2 「～た　ほうが　いいです」, 「～ない　ほうが　いいです」를 사용하여 문장을 완성해 보자.

① たばこは　体に　悪いです。_____よ。
　　　　　　　　　　　　　　　　　　　　　（やめる）

② 辛い物は　胃に　よく　ないです。_____よ。
　　　　　　　　　　　　　　　　　　　　　　（食べる）

③ テレビは　目に　よく　ないです。長い　時間　_____よ。
　　　　　　　　　　　　　　　　　　　　　　　　　　　　　（見る）

④ 疲れた　ときは　ゆっくり　_____よ。
　　　　　　　　　　　　　　　　　　（休む）

Check! 실력체크문제

3 짧은 글짓기

① 아이스크림은 너무 많이 먹지 않는 것이 좋습니다.
▶ _____

② 감기에 걸렸을 때에는 빨리 병원에 가는 것이 좋지 않을까요?
▶ _____

③ 부산이라면 태어난 곳이므로 잘 압니다.
▶ _____

해답

1 ① 日本語なら ② とんカツなら ③ 暑いなら ④ 好きなら ⑤ バスで 行くなら
2 ① やめた ほうが いいです ② 食べない ほうが いいです ③ 見ない ほうが いいです ④ 休んだ ほうが いいです
3 ① アイスクリームは あまり たくさん 食べない ほうが いいです。② 風邪を ひいた ときは 早く 病院へ 行った ほうが いいんじゃ ありませんか。③ ブサンなら 生まれた 所なので よく 知って います。

Lesson 11

お金を 入れると 水が 出ます。
돈을 넣으면 물이 나옵니다.

핵심문장

01 お金を 入れると 水が 出ます。
02 故障して いるようですね。
03 ちょっと 教えて くださいませんか。
04 コイン・ランドリーの 使い方

01 돈을 넣으면 물이 나옵니다.
02 고장난 것 같군요.
03 좀 가르쳐 주시지 않겠습니까?
04 동전 세탁기의 사용법

130 → Tok! Tok! 회화

ハン　　あのう、すみません。

　　　　コイン・ランドリーの　使い方が　よく　わからないんですが、

　　　　ちょっと　教えて　くださいませんか。

佐藤　　あ、はい、新入生ですか。

ハン　　ええ。102号室の　ハンです。

佐藤　　ぼくは　315号室の　佐藤です。よろしく。

ハン　　こちらこそ、どうぞ　よろしく　お願いします。

한	저어, 실례합니다.
	동전세탁기의 사용법을 잘 모르겠는데요.
	좀 가르쳐 주시지 않겠습니까?
사토	아, 네, 신입생인가요?
한	네. 102호실의 한입니다.
사토	나는 315호실의 사토입니다. 잘 부탁해요.
한	저야말로 잘 부탁합니다.

새로운 단어

コイン・ランドリー(coin laundry) 동전을 넣으면 작동하는 세탁기나 건조기, 또는 그것을 갖춘 곳
つか(使)いかた(方) 사용법
〜て ください ませんか 〜해 주시지 않겠습니까?

しんにゅうせい(新入生) 신입생
〜ごうしつ(〜号室) 〜호실
〜こそ 〜야 말로
こちらこそ 저야말로

2

佐藤　まず、ふたを　開けて、洗濯物と　洗剤を　入れて　ください。

それから、ここに　百円だまを　入れて　ください。

お金を　入れると　水が　出ます。この　洗濯機は　全自動です。

ハン　わかりました。簡単ですね。

佐藤　洗濯が　終わると　自動的に　止まります。

途中で　止めたい　ときは、この　停止ボタンを　押して　ください。

完全に　止まる　前に　ふたを　開けると　危ないですよ。

사토　우선, 뚜껑을 열고, 세탁물과 세제를 넣어 주세요.
　　　그리고 나서, 여기에 백 엔짜리 동전을 넣으세요.
　　　돈을 넣으면 물이 나옵니다. 이 세탁기는 전자동이에요.
한　　알겠습니다. 간단하네요.
사토　세탁이 끝나면 자동적으로 멈춥니다.
　　　도중에 멈추게 하고 싶을 때에는, 이 정지 버튼을 눌러 주세요.
　　　완전히 멈추기 전에 뚜껑을 열면 위험해요.

새로운 단어

ふた 뚜껑
せんたくもの(洗濯物) 세탁물, 빨래
せんざい(洗剤) 세제
ひゃくえん(百円)だま 백 엔짜리 동전
▶ 「百円 + 玉(둥근 것)」로 이루어진 말인데, 「たま」가 뒤에 이어질 때는 음이 「だま」로 변한다.
~と ~(하)면
せんたくき(洗濯機) 세탁기
ぜんじどう(全自動) 전자동

じどうてき(自動的)だ 자동적이다
と(止)まる 멎다, 서다 1그룹
と(止)める 멈추다 2그룹
ていし(停止) 정지
ボタン(button) (기계의) 버튼, (옷의) 단추
お(押)す 누르다 1그룹
かんぜん(完全)だ 완전하다
あぶ(危)ない 위험하다

3

ハン　あのう、この　洗濯機、お金を　入れても　水が　出ないんですが。

佐藤　そうですか。コードが　抜けて　いませんか。

ハン　いいえ。コードは　抜けて　いませんが。

佐藤　そうですか。あ、故障して　いるようですね。

　　　ほかのを　使って　みて　ください。

한　　저어, 이 세탁기, 돈을 넣어도 물이 나오지 않는데요.
사토　그래요? 코드가 빠져 있지 않나요?
한　　아니요. 코드는 빠져 있지 않은데요.
사토　그래요? 아, 고장난 것 같군요.
　　　다른 것을 사용해 보세요.

새로운 단어

~ても ~해도
コード(cord) 코드
ぬ(抜)けて いませんか 빠져 있지 않습니까? ▶ 抜ける(빠지다) 2그룹 + て いませんか (~해 있지 않습니까?)

こしょう(故障)して いるようですね 고장난 것 같군요 ▶ 故障する(고장나다) 3그룹 + て いる(~해 있다) + ようです(~한 것 같습니다) + ね(~군요)
ほか(外)の 다른 것

Kok! Kok! 문법

1-1 '~(하)는 법'을 나타내는 「동사의 ます형 + 方」의 용법

> コイン・ランドリーの 使(つか)い方(かた)が よく わからないんですが。
> 동전세탁기의 사용법을 잘 모르겠는데요.

동사의 ます형에 「方」를 붙이면 '~(하)는 법'이라는 뜻이 된다.

① ここに お寿司(すし)の 作(つく)り方(かた)が 書(か)いて あります。
　여기에 초밥 만드는 법이 쓰여 있습니다.

② この 漢字(かんじ)の 読(よ)み方(かた)が わかりません。 이 한자의 읽는 법을 모르겠습니다.

③ 手紙(てがみ)の 書(か)き方(かた)を 教(おし)えて くださいませんか。
　편지 쓰는 법을 가르쳐 주시지 않겠습니까?

1-2 「~て くださいませんか」 표현

> ちょっと 教(おし)えて くださいませんか。 좀 가르쳐 주시지 않겠습니까?

「~て くださいませんか」는 '~해 주시지 않겠습니까?'라는 뜻으로 「~て ください(~해 주세요)」보다 정중한 표현이다.

① ボリュームを 少(すこ)し 小(ちい)さく して くださいませんか。
　볼륨을 좀 작게 해 주시지 않겠습니까?

② 窓(まど)を 開(あ)けて くださいませんか。 창문을 열어 주시지 않겠습니까?

③ すみません。ちょっと 写真(しゃしん)を 撮(と)って くださいませんか。
　실례합니다. 사진 좀 찍어 주시지 않겠습니까?

꼭 문법 2-1 「〜と」의 용법

> 洗濯が 終わると 自動的に 止まります。
> 세탁이 끝나면 자동적으로 멈춥니다.

「〜と」는 '〜(하)면'이라는 뜻으로, 「と」로 연결된 앞 문장을 전제로 했을 경우 반드시 뒷 문장과 같은 결과가 생긴다는 사실을 나타낸다. 접속 방법은 다음과 같으며, 명사는 「だと」가 된다.

명사	ナ형용사	イ형용사	동사
子供だと	静かだと	暑いと	押すと

① 砂糖を 入れると 甘く なります。 설탕을 넣으면 달아집니다.
② この ボタンを 押すと 止まります。 이 버튼을 누르면 멈춥니다.
③ お酒を 飲むと 顔が 赤く なります。 술을 마시면 얼굴이 빨개집니다.
④ 暑いと 眠く なります。 더우면 잠이 옵니다.
⑤ 静かだと すぐ 眠く なります。 조용하면 금방 잠이 옵니다.
⑥ 5歳以下の 子供だと 無料です。 5세 이하의 아이면 무료입니다.

꼭 문법 3-1 「〜ても」의 용법

> お金を 入れても 水が 出ないんですが。
> 돈을 넣어도 물이 나오지 않는데요.

「〜ても」는 '〜해도, 〜어도'라는 뜻으로, 예상과 기대에 반대되는 일이 일어나는 것을 나타낸다. 접속 방법은 다음과 같으며, 명사나 ナ형용사의 경우는 「でも」에 붙는다.

Kok! Kok! 문법

명사	ナ형용사	イ형용사	동사
先生でも	大変でも	高くても	押しても

① ボタンを 押しても 切符が 出ないんですが。 버튼을 눌러도 표가 나오지 않는데요.
② 勉強しても わかりません。 공부해도 모르겠습니다.
③ 少し 高くても 買います。 좀 비싸도 사겠습니다.
④ 大変でも 私は この 仕事が 好きです。 힘들어도 나는 이 일을 좋아합니다.
⑤ 先生でも わからないのは ありますよ。 선생님이라도 모르는 것은 있어요.

꼭꼭문법 3-2 「ようです」의 용법

故障して いる**ようです**ね。 고장난 것 같군요.

「ようです」는 '~한 것 같습니다, ~인 것 같습니다'라는 뜻으로, 단언할 수는 없지만 상황 등으로 미루어 보아 그런 것 같다고 판단할 때 사용된다. 접속 방법은 다음과 같다.

명사	ナ형용사	イ형용사	동사
風邪のようです	好きなようです	暑いようです	いるようです

① 何回 電話しても だれも 出ませんね。 家には だれも いない**ようです**。
몇 번 전화해도 아무도 받지 않는군요. 집에는 아무도 없는 것 같습니다.

② 少し 部屋の 中が 暑い**ようです**ね。 クーラーを つけましょうか。
방 안이 좀 더운 것 같군요. 에어컨을 틀까요?

③ A くしゃみが 出たり 鼻水が 出たり します。
재채기가 나오기도 하고 콧물이 나오기도 합니다.

　　B 風邪の**ようです**ね。 감기인 것 같군요.

Kok! Kok! 심화학습

1. 「たら・ば・なら・と」의 정리

「たら」, 「ば」, 「なら」, 「と」는 모두 '~(하)면'이라는 조건 표현을 나타낸다. 이것들은 서로 바꿔 쓸 수 있는 경우도 있고, 그럴 수 없는 경우도 있다. 기초 일본어 단계에서 위의 조건 표현들의 다양한 용법을 모두 완벽하게 익히고 소화하는 것은 매우 어려운 일이며, 또한 많은 시간을 필요로 한다. 여기서는 지금까지 배운 「たら」, 「ば」, 「なら」, 「と」의 가장 기본적인 의미와 용법을 확인하고 이해하는 데에 중점을 두도록 하겠다.

(1) たら

- 山田さんに 会ったら よろしく 伝えて ください。
  야마다 씨를 만나면 안부 전해 주세요.
  * 미래의 어떤 일이 성립된 시점에서, 그 사실을 조건으로 제시하며 말할 때 사용한다.

(2) ば

- A どうすれば ドアが 開くんですか。 어떻게 하면 문이 열립니까?
  B この ボタンを 押せば 開きます。 이 버튼을 누르면 열립니다.
  * 「ば」로 연결된 뒷 문장의 상황이 이루어지려면 어떤 조건이 필요한지를 나타내며, 그 조건을 「ば」의 앞 문장에 제시한다.

(3) なら

- A 電気製品を 安く 買いたいんですが。 전자제품을 싸게 사고 싶은데요.
  B 安く 買うなら 秋葉原へ 行った ほうが いいですよ。
  싸게 사려면 아키하바라에 가는 게 좋아요.
  * 상대방이 한 말을 받아서 그것을 조건으로 제시하며, 「なら」 뒷 문장에서 제안이나 조언을 덧붙인다.

(4) と

- A この ボタンを 押すと どう なりますか。 이 버튼을 누르면 어떻게 됩니까?
  B この ボタンを 押すと 水が 出ます。 이 버튼을 누르면 물이 나옵니다.
  * 「と」로 연결된 앞 문장을 전제로 한 경우 어떤 결과가 일어날지를 나타내며, 그 필연적인 결과를 「と」의 뒷 문장에 제시한다.

Check! 실력체크문제

1 A와 B에서 알맞은 것을 골라 보기와 같이 한 문장으로 만들어 보자.

A
- 보기 洗濯が 終わります
- ① お酒を 飲みます
- ② 夏に なります
- ③ 砂糖を 入れます
- ④ 夜に なります
- ⑤ コートを ぬぎます

B
- 보기 止まります
- 甘く なります
- 顔が 赤く なります
- 暑く なります
- 寒いです
- 暗く なります

보기 洗濯が 終わると 止まります。

① _____
② _____
③ _____
④ _____
⑤ _____

2 다음 문장을 보기와 같이 바꾸어 보자.

> 보기 お金を　入れると　水が　出ます。
> ▶ <u>お金を　入れても　水が　出ません</u>。

① ボタンを　押すと　切符が　出ます。
▶ _____

② 雨が　降ったら　行きません。
▶ _____

③ ゆっくり　話せば　わかります。
▶ _____

3 짧은 글짓기

① 더 크게 말해 주시지 않겠습니까?
   ▶ _____

② 겨울이 오면 추워집니다.
   ▶ _____

③ 열심히 공부를 해도 능숙해지지 않습니다.
   ▶ _____

④ 김미라 씨는 다음 달에 결혼하는 것 같습니다.
   ▶ _____

⑤ 컴퓨터의 사용법을 가르쳐 주세요.
   ▶ _____

해답

1 ① お酒を 飲むと 顔が 赤く なります。② 夏に なると 暑く なります。③ 砂糖を 入れると 甘く なります。④ 夜に なると 暗く なります。⑤ コートを ぬぐと 寒く なります。

2 ① ボタンを 押しても 切符が 出ません。② 雨が 降っても 行きます。③ ゆっくり 話しても わかりません。

3 ① もっと 大きく 言って くださいませんか。② 冬に なると 寒く なります。③ 熱心に (또는 いっしょうけんめいに) 勉強を しても 上手に なりません。④ キムミラさんは 来月 結婚するようです。⑤ コンピューターの 使い方を 教えて ください。

Lesson 12

時間が ありませんから、短く して ください。

시간이 없으니까 짧게 해 주세요.

핵심문장

01 時間が ありませんから、短く して ください。

02 今、一時半ですから、もう 始まって いるはずです。

03 物価が 高いので、少し 住みにくいと 思います。

01 시간이 없으니까 짧게 해 주세요.
02 지금 1시 반이니까 벌써 시작됐을 겁니다.
03 물가가 비싸서 조금 살기 힘들다고 생각합니다.

1

記者　　　あのう、失礼ですが、留学生の　方ですか。

留学生　　はい、そうですが。

記者　　　私は「留学」と　いう　雑誌の　記者です。

　　　　　ちょっと　インタビューを　したいんですが。

留学生　　すみません、今、急いで　いるので……。

기자	저어, 실례지만, 유학생이신가요?
유학생	네, 그런데요.
기자	저는 '유학'이라는 잡지의 기자입니다.
	인터뷰를 좀 하고 싶은데요.
유학생	죄송합니다. 지금 급한 일이 있어서…….

새로운 단어

りゅうがくせい(留学生) 유학생
～と いう ～라는, ～라고 하는
きしゃ(記者) 기자
インタビュー(interview) 인터뷰

いそ(急)いで いるので 급해서요
▶急ぐ(서두르다) 1그룹 + て いる(～하고 있다)
＋ので(～해서)

2

記者　あのう、インタビューに　答えて　くださいませんか。

ハン　はい、いいですよ。でも、時間が　ありませんから、短く　して　ください。

記者　あ、授業が　あるんですか。

ハン　ええ。今、一時半ですから、もう　始まって　いるはずです。

記者　そうですか。すみません。日本での　生活は　どうですか。

ハン　そうですね。親切な　人も　多いし、便利で　いい　面も　あります。でも、物価が　高いので、少し　住みにくいと　思います。

기자	저어, 인터뷰에 응해 주시지 않겠습니까?
한	네, 좋아요. 하지만 시간이 없으니까 짧게 해 주세요.
기자	아, 수업이 있나요?
한	네. 지금 1시 반이니까 벌써 시작됐을 거예요.
기자	그래요? 죄송합니다. 일본에서의 생활은 어떠세요?
한	글쎄요. 친절한 사람도 많고, 편리해서 좋은 면도 있어요. 하지만, 물가가 비싸서 조금 살기 힘들다고 생각해요.

새로운 단어

こた(答)える 대답하다 2그룹
~から ~(이)니까, ~(이)므로
~はずです ~한게 틀림없습니다 ▶당연함을 나타냄

めん(面) 면
ぶっか(物価) 물가
~にくい ~하기 어렵다, ~하기 힘들다, ~하기 곤란하다

3

記者: アルバイトを して いますか。

ハン: いいえ、して いません。

記者: ほかの 留学生たちは どうですか。

ハン: そうですね。お金に 困って いる 学生も たくさん いるので、アルバイトを して いる 人も 多いはずです。

記者: 学校は どうですか。

ハン: おもしろいですが、日本の 学生に ついて いくのが 大変です。

記者: 日本語、お上手ですね。これからも がんばって ください。

今日は 本当に ありがとう ございました。

기자 아르바이트를 하고 있나요?
한   아니요, 안 하고 있어요.
기자 다른 유학생들은 어떤가요?
한   글쎄요. 돈에 곤란을 겪고 있는 학생도 많이 있으니까,
    아르바이트를 하고 있는 사람도 많을 거예요.
기자 학교는 어떤가요?
한   재미있지만, 일본인 학생을 따라가는 게 힘들어요.
기자 일본어 잘 하시는군요. 앞으로도 열심히 하세요.
    오늘은 정말로 감사했습니다.

새로운 단어

こまって いる 궁해지다, 곤란을 겪고 있다 ▶ ① 困る(궁해지다) 1그룹 + て いる(~해 있다) ② 「~に 困る」로 '~에 궁해지다'라는 뜻을 나타낸다.

ついて いく 따라가다 ▶ ① つく(뒤를 따르다) 1그룹 + て いく(~해 가다) ② 「~に ついて いく」로 '~을/를 따라가다'라는 뜻을 나타낸다.

おじょうず(上手)だ 능숙하시다

がんばって ください 열심히 하세요
▶ がんばる(열심히 하다, 힘을 내다) 1그룹 + て ください(~하세요, ~해 주세요)

150 → Kok! Kok! 문법

꼭꼭문법 1-1 '~라는'을 나타내는 「〜と いう」 표현

> 私は 「留学」と いう 雑誌の 記者です。
> 저는 '유학'이라는 잡지의 기자입니다.

「〜と いう」는 직역하면 '~라고 말하는'이지만 보통 '~라는'이라고 하면 된다. 「〜と いう」는 뒤에 오는 명사를 수식하는 기능을 가지고 있다.

① キム ミラと いう 方から 電話が ありました。
   김미라라는 분한테서 전화가 왔습니다.

   * 「から」는 사람에게 사용될 경우에는 '~에게서, ~로 부터, ~한테서'라고 해야한다. 「電話が ありました」는 '전화가 있었습니다'보다 '전화가 왔었습니다'로 해석하는 것이 자연스럽다.

② 「すきやき」と いう 日本料理を 知って いますか。
   '스키야키'라는 일본요리를 압니까?

③ 駅前の 「ブルー」と いう レストランへ 行った ことが ありますか。
   역 앞에 있는 '블루'라는 레스토랑에 가 본 적이 있습니까?

꼭꼭문법 2-1 원인·이유를 나타내는 「から」의 용법

> 時間が ありませんから、短く して ください。
> 시간이 없으니까 짧게 해 주세요.

「から」는 '~(이)니까, ~(이)므로'라는 뜻으로, 원인이나 이유를 나타낸다. 「から」는 보통체와 공손체(です・ます체) 모두에 접속하나, 여기서는 주로 「공손체 + から」를 예로 들었다. 접속 방법은 다음과 같다.

	명사	ナ형용사	イ형용사	동사
보통체	禁煙だから	大丈夫だから	暑いから	すべるから
공손체	禁煙ですから	大丈夫ですから	暑いですから	すべりますから

*「ので」와 「から」는 의미상 원인이나 이유를 나타내는 점은 같다. 그러나 명사·ナ형용사와 접속할 때 「ので」는 「なので」가 되고 「から」는 「だから」가 되는 점이 다르다.

① 道が　すべりますから、気を　つけて　ください。 길이 미끄러우니까 조심하십시오.
② 暑いですから、冷たい　ジュースでも　飲みましょう。
   더우니까 시원한 주스라도 마십시다.
③ 大丈夫ですから、あまり　心配しないで　ください。 괜찮으니까 너무 걱정하지 마세요.
④ ここは　禁煙ですから、たばこを　吸わないで　ください。
   여기는 금연이니까 담배를 피우지 마세요.

2-2 「～はずです」의 용법

> 今　一時半ですから、（授業は）　もう　始まって　いるはずです。
> 지금 1시 반이니까 (수업은) 벌써 시작됐을 겁니다.

「～はずです」는 '～할 것입니다, ～일 겁니다'라는 뜻으로 당연히 그럴 것임을 나타낸다. 접속 방법은 다음과 같다.

명사	ナ형용사	イ형용사	동사
休みのはず	上手なはず	忙しいはず	来るはず

152 → Kok! Kok! 문법

① A 遅いですね。 늦군요.

　B そうですね。でも　もう　3時ですから、もう　すぐ　来るはずです。
　　그렇군요. 하지만 이제 3시니까, 이제 곧 올 겁니다.

② イーさんは　一年　前から　日本語を　習って　いますから、日本語が　上手な
はずです。
　　이 씨는 1년 전부터 일본어를 배우고 있으니까 일본어를 잘 할 겁니다.

③ 高橋さんは　パーティーの　準備を　して　いるので、今　忙しいはずです。
　　다카하시 씨는 파티 준비를 하고 있으니까 지금 바쁠 겁니다.

④ 毎週　月曜日は　定休日なので、今日は　休みのはずです。
　　매주 월요일은 정기휴일이니까 오늘은 쉬는 날일 겁니다.

2-3 「동사의 ます형 + にくい」의 용법

> 物価が　高いので　住みにくいと　思います。
> 물가가 비싸서 살기 힘들다고 생각합니다.

「동사의 ます형 + にくい」는 '~(하)기 어렵다, ~(하)기 힘들다, ~(하)기 곤란하다'라는 뜻으로 「~やすい(~(하)기 쉽다)」와 반대의 의미를 나타낸다.

① 田中先生の　授業は　ちょっと　わかりにくいです。
　　다나카 선생님의 수업은 좀 알아듣기 어렵습니다.

② この　薬は　苦いので、子供は　飲みにくいと　思います。
　　이 약은 써서, 아이는 먹기 힘들다고 생각합니다.

③ 字が　きたないので　読みにくいです。 글씨가 지저분해서 읽기 어렵습니다.

Kok! Kok! 심화학습 ← 153

심화학습 1 거절이나 변명, 겸손을 나타내는 「ので」 표현

> 今、急いで いるので……。 지금 급한 일이 있어서…….

「ので」는 이유나 원인을 나타내는 말이라고 5과에서 배웠다. 이밖에도 어떤 일을 거절할 때나 변명, 겸손을 나타낼 때에도 「ので」를 사용한다.

① 朝寝坊を したので 遅れました。 늦잠을 자서 늦었습니다.
② おなかが すいて いたので 食べました。 배가 고파서 먹었습니다.
③ 忙しかったので 忘れました。 바빠서 잊었습니다.

심화학습 2 「から」와 「ので」

「から」와 「ので」는 서로 바꿔 쓸 수 있는 경우도 있지만, 바꿔 쓰면 자연스럽지 못한 경우도 있다. 그럼 「から」와 「ので」는 각각 어떤 특징이 있는지 알아보자.

(1) 「から」는 앞에 나온 2-1의 예문에서도 알 수 있듯이, 뒷 문장이 '~해 주세요, ~하지 말아 주세요, ~합시다, ~해서는 안 됩니다, ~할 겁니다'로 끝난다. 이런 주관적인 표현에 대한 이유나 원인을 「から」 앞 문장에서 제시한다.

① 危ないですから、ここで 遊んでは いけないんですよ。
위험하니까 여기서 놀면 안 돼요.

(2) 「ので」는 당연한 인과 관계에 있는 어떤 사실을 객관적으로 표현하는데 주로 사용되고, 어떤 일을 거절할 때나 변명할 경우에도 쓰인다.

① 薬を 飲んだので すぐ 治りました。 약을 먹어서 금방 나았습니다.
② ちょっと 忙しいので 迎えに 行く ことが できないんですが…。
좀 바빠서 마중하러 갈 수가 없는데요…….

Check! 실력체크문제

1 보기와 같이 두 문장을 한 문장으로 만들어 보자.

> **보기**
> 時間が ありません。ですから 短く して ください。
> ▶ 時間が ありませんから、短く して ください。

① 雨が 降って います。ですから、傘を 持って いって ください。
   ▶ _____

② お酒は 体に よく ありません。ですから、あまり 飲まない ほうが いいですよ。
   ▶ _____

③ 大丈夫です。ですから、あまり 心配しないで ください。
   ▶ _____

④ かばんが あります。ですから、まだ いるはずです。
   ▶ _____

⑤ 彼は テニスの 選手でした。ですから、テニスが 上手なはずです。
   ▶ _____

2 문맥에 알맞은 것을 골라 보자.

① 字が 小さいので
[ⓐ 読みやすい
　ⓑ 読みにくい
　ⓒ 書きやすい
　ⓓ 書きにくい] です。

② 物価が 高いから
[ⓐ 買いやすい
　ⓑ 買いにくい
　ⓒ 住みやすい
　ⓓ 住みにくい] と 思います。

③ この 薬は 甘いので 子供でも
[ⓐ 飲みやすい
　ⓑ 飲みにくい
　ⓒ 食べやすい
　ⓓ 食べにくい] です。

④ 田中先生は 声が 小さいので、授業が
[ⓐ わかりやすい
　ⓑ わかりにくい
　ⓒ しやすい
　ⓓ しにくい] です。

Check! 실력체크문제

3 짧은 글짓기

① 다음 주 월요일부터 시험이 시작되니까, 도서관에는 학생들이 많을 것입니다.
▶ _____

② 이 스테이크는 질겨서 먹기 어렵습니다.
▶ _____

③ 위험하니까 주의해주세요.
▶ _____

해답

1 ① 雨が 降って いますから、傘を 持って いって ください。② お酒は 体に よく ありませんから、あまり 飲まない ほうが いいですよ。③ 大丈夫ですから、あまり 心配しないで ください。④ かばんが ありますから、まだ いるはずです。⑤ 彼は テニスの 選手でしたから、テニスが 上手なはずです。

2 ① ⓑ ② ⓓ ③ ⓐ ④ ⓑ

3 ① 来週の 月曜日から 試験が 始まるから、図書館には 学生が 多いはずです。
② この ステーキは 固いので 食べにくいです。*「固いので」 대신에「固くて」라고 해도 된다.
③ 危ないですから、気を つけて ください。

Lesson 13

二人は 同い年だ そうです。
두 사람은 동갑이라고 합니다.

핵심문장

01 彼女は 来月 結婚するそうです。

02 やせる ために ダイエットを 始めました。

03 夜は できるだけ 食べない ように して います。

01 그녀는 다음 달에 결혼한다고 합니다.
02 날씬해지기 위해서 다이어트를 시작했습니다.
03 밤에는 될 수 있는 한 먹지 않으려 하고 있습니다.

158 → Tok! Tok! 회화

1　CD32

高橋さんへ。

高橋さん、お元気ですか。

返事が　遅く　なって、ごめんなさい。

ロンドンに　住んで　いる　妹の　ところに、赤ちゃんが　生まれました。

それで　1か月ほど　イギリスに　行って　きました。

妹の　ために　家事の　手伝いも　したり、あちこち　観光も　したり　して、

楽しく　過ごしました。

赤ちゃんは　とても　かわいい　女の子で、名前は　「シネ」と　いいます。

「シネ」は、韓国語で　小川と　いう　意味です。

高橋さん、私の　後輩の　キムさんを　覚えて　いますか。

彼女は　来月　結婚するそうです。

相手は　お医者さんで、二人は　同い年だそうです。

다카하시 씨께.

다카하시 씨, 건강하세요?

답장이 늦어져서 죄송합니다.

런던에 살고 있는 여동생집에 아기가 태어났어요. 그래서 1개월 정도 영국에 갔다 왔습니다.

여동생을 위해서 집안일을 도와 주기도 하고, 여기저기 관광도 하며 즐겁게 지냈어요.

아기는 매우 귀여운 여자 아이이고, 이름은 '시내'라고 해요.

'시내'는 한국어로 작은 강이라는 의미에요.

다카하시 씨, 제 후배인 김 씨를 기억하고 있나요?

그녀는 다음 달에 결혼한다고 해요.

상대는 의사 선생님이고, 두 사람은 동갑이라고 하네요.

새로운 단어

へんじ(返事) 답장, 대답
おそ(遅)く なって 늦어져서 ▶遅い(늦다) + く なる(~해지다) + て(~어서)
ごめんなさい 미안해요, 죄송해요 ▶친한 친구끼리는 「ごめん」이라고도 한다.
ロンドン(London) 런던
あか(赤)ちゃん 갓난아기
それで 그래서
~ほど ~정도 ▶여기서는 「くらい(ぐらい)」와 바꿔 쓸 수 있다.
イギリス 영국 ▶포르투칼어 'Inglez'에서 유래된 말
ために 위해서
あちこち 여기저기 ▶같은 말로는 「あちら こちら」가 있으며, 우리말과는 순서가 다르므로 「こちあち」 또는 「こちらあちら」라고 하지 않는다.
かんこう(観光) 관광
す(過)ごす 지내다 1그룹
かわいい 귀엽다, 예쁘다
おがわ(小川) 시내, 개울
いみ(意味) 의미
あいて(相手) 상대
おいしゃ(医者)さん 의사 선생님 ▶「医者(의사)」 앞에 「お」, 뒤에는 「さん」을 붙여 경의를 나타낸다.
おないどし(同い年) 동갑

2

このごろは、時差ぼけを 治す ために、夜 早く 寝て、朝 早く 起きる ように して います。

また、3キロも 太ったので、やせる ために ダイエットを 始めました。夜は できるだけ 食べないように して います。

おとといから 日本語の 小説を 読んで います。

去年、日本で とても 人気が あった 小説だそうです。

わからない 単語が 多いので、辞書を 引きながら がんばって います。

高橋さんも 韓国語の 勉強、がんばって ください。

お手紙を 待って います。今度は 韓国語で 書いて みて ください。

楽しみに して います。

それじゃ、また。お元気で。

2003年11月29日

パク ヒソン

요즘에는 시차를 고치기 위해 밤에 일찍 자고, 아침에 일찍 일어나도록 하고 있어요.
또, 3킬로그램이나 살이 쪘기 때문에, 날씬해지기 위해 다이어트를 시작했답니다.
밤에는 될 수 있는 한 먹지 않도록 하고 있어요.

그저께부터 일본어 소설을 읽고 있어요.
작년에 일본에서 굉장히 인기가 있었던 소설이라고 해요.
모르는 단어가 많아서, 사전을 찾으면서 열심히 읽고 있어요.
다카하시 씨도 한국어 공부, 열심히 하세요.
편지를 기다리고 있을게요. 이번에는 한국어로 써 보세요.
기대하고 있겠습니다.
그럼, 또 (쓸게요). 건강하세요.

2003년 11월 29일

박희성

새로운 단어

じさ(時差) 시차
じさぼけ(時差ぼけ) 시차 때문에 생기는 생리적 부적응 상태
なお(治)す 고치다, 낫게 하다 1그룹
~ように して いる ~하도록 하고 있다
キロ(kilo) 킬로그램 ▶「キログラム(킬로그램)」,「キロメートル(킬로미터)」 등의 준말로 사용한다.
ふと(太)ったので 살쪘기 때문에 ▶太る(살찌다) 1그룹 + た(~해 있다) + ので(~기 때문에).

여기서의「た」는 과거의 의미가 아니라 어떤 변화의 완료를 나타낸다.
やせる 마르다, 살이 빠지다 2그룹
ダイエット(diet) 다이어트
できるだけ 될 수 있는 한, 가능한 한
たんご(単語) 단어
じしょ(辞書)を ひ(引)く 사전을 찾다
たの(楽)しみ 즐거움, 기대, 낙
たの(楽)しみに する 기대하다

Kok! Kok! 문법

1-1 전문을 나타내는 「〜そうです」

> 彼女(かのじょ)は 来月(らいげつ) 結婚(けっこん)する**そうです**。 그녀는 다음 달에 결혼한다고 합니다.

「〜そうです」는 '〜라고 합니다'라는 뜻으로, 전해 들은 정보를 다른 사람에게 알려줄 때 사용한다.(문법 용어로는 '전문(伝聞)'이라고 한다.) 접속 방법은 다음과 같다.

명사	ナ형용사	イ형용사	동사
旅行(りょこう)だそうです	まじめだそうです	高(たか)いそうです	結婚(けっこん)するそうです

① 彼(かれ)は 銀行(ぎんこう)に 勤(つと)めて いるそうです。 그는 은행에서 근무하고 있다고 합니다.
② 東京(とうきょう)は 物価(ぶっか)が 高いそうですね。 도쿄는 물가가 비싸다더군요.
③ イーさんは とても まじめだそうです。 이 씨는 매우 성실하다고 합니다.
④ 高橋(たかはし)さんの 趣味(しゅみ)は 旅行だそうです。 다카하시 씨의 취미는 여행이라고 합니다.

2-1 목적을 나타내는 「ために」

> やせる **ために** ダイエットを 始(はじ)めました。
> 날씬해지기 위해서 다이어트를 시작했습니다.

「ために」는 ①'〜을/를 위해서, 〜하기 위해서'라는 뜻과 ②'〜때문에, 〜하기 때문에'라는 두 가지 뜻을 가지고 있는데, 여기서는 ①의 의미를 공부하기로 하겠다. 다음은 「ために」가 동사의 기본형이나 「명사 + の」 뒤에 붙어서 목적을 나타내는 경우이다.

① A どうして 日本語(にほんご)を 習(なら)って いるんですか。 왜 일본어를 배우고 있습니까?
   B 日本(にほん)へ 留学(りゅうがく)する ために 習って いるんです。
   일본에 유학가기 위해서 배우고 있습니다.

② 留学する ために いっしょうけんめい 勉強(べんきょう)して います。
   유학가기 위해서 열심히 공부하고 있습니다.

③ A 健(けん)康(こう)の ために 何(なに)か して いますか。 건강을 위해서 뭔가 하고 있습니까?
　B 毎(まい)朝(あさ) 運(うん)動(どう)を して います。 매일 아침 운동을 하고 있습니다.
④ 子(こ)供(ども)の ために 絵(え)本(ほん)を 買(か)いました。 아이를 위해서 그림책을 샀습니다.

2-2 「～ように する」의 표현

> 夜(よる)は できるだけ 食(た)べないように して います。
> 밤에는 될 수 있는 한 먹지 않도록 하고 있습니다.

「～ように する」는 '～하도록 하다'라는 의미이다.

① 夜(よる) 早(はや)く 寝(ね)て 朝(あさ) 早(はや)く 起(お)きるように して います。
　밤에 일찍 자고, 아침에 일찍 일어나도록 하고 있습니다.
② ダイエットを して いるので、甘(あま)い ものは 食(た)べないように して います。
　다이어트를 하고 있기 때문에, 단것은 먹지 않도록 하고 있습니다.
③ 健(けん)康(こう)の ために 毎(まい)朝(あさ) ジョギングを するように して います。
　건강을 위해서 매일 아침 조깅을 하도록 하고 있습니다.
④ 私(わたし)は できるだけ 韓(かん)国(こく)語(ご)で 話(はな)さないように して います。
　나는 가능한 한 한국어로 말하지 않도록 하고 있습니다.

164 Kok! Kok! 심화학습

1 「형용사의 어간 + み」의 용법

> 楽(たの)しみに して います。 기대하고 있겠습니다.

イ형용사나 ナ형용사의 어간에 「み」가 붙어서 명사가 되는 경우가 있다. 모든 형용사에 「み」가 붙을 수 있는 것은 아니므로, 아래의 보기를 참고로 익혀 두도록 하자.

보기
- 暖(あたた)かい 따뜻하다 → 暖かみ 따뜻함, 온기
- おもしろい 재미있다 → おもしろみ 재미, 흥미
- 赤(あか)い 빨갛다 → 赤み 붉은기, 붉은 빛
- 新鮮(しんせん)だ 신선하다 → 新鮮み 신선함

Check! 실력체크문제 ←165

1 보기와 같이「そうです」를 사용하여 문장을 만들어 보자.

보기 明日　テストが　あります
　　▶ ハンさんは　明日　テストが　あるそうです。
　　　　　　　　　　　　　　　　　　　　　　　（ハン）

① 来月　結婚します。
　▶ _____
　　　　　　　　　　　　　　　　　　　　　　　（キム）

② 大学で　日本語を　教えて　います。
　▶ _____
　　　　　　　　　　　　　　　　　　　　　　　（田中）

③ このごろ　忙しいです。
　▶ _____
　　　　　　　　　　　　　　　　　　　　　　　（高橋）

④ 今日も　残業です。
　▶ _____
　　　　　　　　　　　　　　　　　　　　　　　（木村）

Check! 실력체크문제

2 「ために」를 사용하여 문장을 완성해 보자.

① 大学に ＿＿＿＿＿ いっしょうけんめい 勉強して います。
　　　　　（入る）

② ＿＿＿＿＿ ダイエットを して います。
　（やせる）

③ ＿＿＿＿＿ 毎朝 ジョギングを して います。
　（健康）

④ ＿＿＿＿＿ ジュースを 作って います。
　（子供）

3 짧은 글짓기

① 그녀는 다음 주 일본에 간다고 합니다.
▸ ＿＿＿＿＿＿＿＿＿＿＿＿＿＿＿＿＿＿＿＿＿＿＿＿

② 건강을 위해서 매일 채소 주스를 마시고 있습니다.
▸ ＿＿＿＿＿＿＿＿＿＿＿＿＿＿＿＿＿＿＿＿＿＿＿＿

③ 일본어 공부를 위해서 NHK를 보도록 하고 있습니다.
▸ ＿＿＿＿＿＿＿＿＿＿＿＿＿＿＿＿＿＿＿＿＿＿＿＿

해답

1 ① キムさんは 来月 結婚するそうです。② 田中さんは 大学で 日本語を 教えて いるそうです。③ 高橋さんは このごろ 忙しいそうです。④ 木村さんは 今日も 残業だそうです。
2 ① 入る ために ② やせる ために ③ 健康の ために ④ 子供の ために
3 ① 彼女は 来週 日本へ 行くそうです。② 健康の ために 毎日 野菜ジュースを 飲んで います。③ 日本語の 勉強の ために NHKを 見るように して います。

복습문제 | 제1과～제13과

1 빈칸에 알맞은 말을 써 넣어 보자.

① 紹介します。弟［　］たけしです。

② 誕生日祝い［　］スカーフを　買いました。

③ あの　人は　働かないで　毎日　お酒［　　］飲んで　います。

④ この　コートは　高いですね。20万円［　］します。

⑤ 日本語［　］できる　人は　いませんか。

⑥ これ［　　］持って　行けば　いいんですか。

⑦ 黒い　ペン［　］青い　ペンで　書いて　ください。

⑧ 日本の　学生［　］ついていくのが　大変です。

⑨ 健康［　］ために　たばこを　やめました。

2 ( ) 안의 단어를 알맞은 형태로 고쳐 보자.

① あの 人が たぶん _____と 思います。(田中先生)

② 午後 雨が _____かも しれません。(降る)

③ これは 日本の ディズニーランドで _____ 写真です。(撮る)

④ あちらで 電話を _____ 人が 鈴木さんです。(かける)

⑤ もう すぐ 電車が _____ 時間です。(着く)

⑥ 日本語が 全然 _____ 人でも いいですか。(できる)

⑦ 雪が _____て 道が すべりやすく なって います。(降る)

⑧ 物価が _____て 住みにくいです。(高い)

⑨ この 部屋は _____で 勉強が よく できます。(静かだ)

⑩ _____で 入院して います。(事故)

⑪ 前より ずいぶん _____ なりました。(便利だ)

⑫ はじめは 易しかったんですが、だんだん _____ なりました。(難しい)

⑬ 私は　将来　有名な　＿＿＿＿＿＿に　なりたいです。
（デザイナー）

⑭ A これ、＿＿＿＿＿＿そうですね。（おいしい）
　 B たくさん　食べて　ください。

⑮ 木村さんの　話では　あの　レストランの　とんカツは　とても
　 ＿＿＿＿＿＿そうです。（おいしい）

⑯ 久しぶりに　会ったんですが、彼は　＿＿＿＿＿＿そうでした。
　 （元気だ）

⑰ 姉から　電話が　あったんですが、この間　生まれた　赤ちゃんは
　 とても　＿＿＿＿＿＿そうです。（かわいい）

3 ⓐ와 ⓑ 중 알맞은 것을 골라 보자.

① 停止 ボタンを [ⓐ 押すと / ⓑ 押すなら] 止まります。

② 向こうに [ⓐ 着くなら / ⓑ 着いたら] 電話して ください。

③ シンチョンに [ⓐ 行ったら / ⓑ 行くなら] 市庁で 乗り換えれば いいですよ。

④ [ⓐ 急げば / ⓑ 急ぐと] 間に合うと 思います。

해답

1　①の　②に　③ばかり　④も　⑤が　⑥だけ　⑦か　⑧に　⑨の
2　①田中先生だ　②降る　③撮った　④かけて いる　⑤着く　⑥できない　⑦降っ　⑧高く　⑨静か
　　⑩事故　⑪便利に　⑫難しく　⑬デザイナー　⑭おいし　⑮おいしい　⑯元気　⑰かわいい
3　①ⓐ　②ⓑ　③ⓑ　④ⓐ

Lesson 14

今 ちょうど 帰る ところです。
지금 마침 돌아가려던 참입니다.

핵심문장

01 今 ちょうど 帰る ところです。
02 ほかの 仕事を 探している ところなんです。
03 今 着いた ところです。

01 지금 마침 돌아가려던 참입니다.
02 다른 일을 찾고 있는 중입니다.
03 지금 막 도착했습니다.

1

高橋　もしもし、田中さん。私、高橋です。

田中　あ、高橋さん。

高橋　まだ　お仕事中ですか。

田中　いいえ、今　ちょうど　帰る　ところです。

高橋　ちょっと　相談したい　ことが　あるんですが、今日、時間が　ありますか。

田中　ええ、大丈夫ですよ。どこで　会いましょうか。

高橋　いつもの　喫茶店は　どうですか。

田中　あそこは　ちょっと　うるさく　ありませんか。

高橋　そうですね。それじゃ、エルと　いう　喫茶店は　知って　いますか。

田中　いいえ、知りませんが。

高橋　富士ビルは　知って　いるでしょう。あそこの　地下一階です。

田中　すみません。待ちましたか。

高橋　いいえ、私も　今　着いた　ところです。

다카하시	여보세요. 다나카 씨. 저 다카하시에요.
다나카	아, 다카하시 씨.
다카하시	아직 일하고 계세요?
다나카	아니요, 지금 마침 돌아가려던 참이에요.
다카하시	좀 의논하고 싶은 것이 있는데, 오늘 시간이 있으신가요?
다나카	네, 괜찮아요. 어디에서 만날까요?
다카하시	항상 가는 찻집은 어떠세요?
다나카	거기는 좀 시끄럽지 않나요?
다카하시	그렇군요. 그러면, 엘르라는 찻집은 알고 계신가요?
다나카	아니요, 모르겠는데요.
다카하시	후지빌딩은 알고 계시죠? 그곳의 지하 1층이에요.
다나카	죄송합니다. 기다리셨어요?
다카하시	아니요, 저도 지금 막 도착했어요.

새로운 단어

もしもし 여보세요
おしごとちゅう(仕事中) 일하시는 중
～ところです ～참입니다
そうだん(相談)する 상담하다 3그룹
あそこ (두 사람이 서로 알고 있는 장소) 거기

うるさい 시끄럽다
ふじ(富士)ビル 후지빌딩
ちか(地下) 지하
～かい(階) ～층

高橋	実は、私、今 転職を 考えて いるんです。
田中	えっ、今の 会社を やめるんですか。
高橋	ええ。ほかの 仕事を 探して いる ところなんです。
田中	どうしてですか。
高橋	今の 会社は 仕事は 多いし、休みは 少ないし、給料も 多くないんです。
田中	でも、将来性の ある 会社じゃ ありませんか。
高橋	それは そうなんですが……。

다카하시	실은, 저 지금 전직을 고려하고 있거든요.
다나카	네? 지금 다니고 있는 회사를 그만둘 건가요?
다카하시	네. 다른 일을 찾고 있는 중이에요.
다나카	왜죠?
다카하시	지금 회사는 일은 많고, 휴일은 적고, 급여도 많지 않아요.
다나카	하지만 장래성이 있는 회사잖아요?
다카하시	그건 그렇지만…….

새로운 단어

じつ(実)は 실은, 사실은
てんしょく(転職) 전직
かんが(考)える 생각하다 2그룹

すく(少)ない 적다
きゅうりょう(給料) 급여, 봉급
しょうらいせい(将来性) 장래성

Kok! Kok! 문법

꼭꼭문법 1-1 '막 ~하려는 참'을 나타내는 「～ところ」 표현

> A まだ お仕事中ですか。 아직 일하시는 중인가요?
> B いいえ、今 ちょうど 帰る ところです。
> 아니요, 지금 막 돌아가려던 참입니다.

여기서 「～ところ」는 「所(장소)」라는 의미로 사용된 것이 아니라, 동사의 기본형과 연결되어 '막 ~하려는 참'이라는 의미를 나타낸다.

① ちょうど 出かける ところへ 電話が かかって きました。
　막 나가려는 참에 전화가 걸려 왔습니다.

② A 食事は もう しましたか。 식사는 이미 했습니까?
　B いいえ、これから 食べる ところです。 아니요, 지금부터 먹으려던 참입니다.

꼭꼭문법 1-2 「こ・そ・あ・ど」의 용법

> A いつもの 喫茶店は どうですか。 항상 가는 찻집은 어떻습니까?
> B あそこは ちょっと うるさく ありませんか。
> 거기는 좀 시끄럽지 않습니까?

우리는 입문편에서 「あそこ」는 '저기', 「あの 人」는 '저 사람'으로 배웠다. 그러나 「あそこ」를 '거기'로 「あの 人」를 '그 사람'으로 해석해야 하는 경우가 있다. 말하는 사람과 듣는 사람 모두가 알고 있는 장소나 사람, 물건 등에 대해서 얘기할 때는 「あそこ(거기)」, 「あの 人(그 사람)」, 「あれ(그것)」처럼 「こ・そ・あ・ど」 중 'あ계열'로 말해야 한다. 그러나 말하는 사람이나 듣는 사람 중 한쪽만 알고 있는 것에 대해서는 「そこ(거기)」, 「その 人(그 사람)」, 「それ(그것)」 처럼 'そ계열'로 말하면 된다.

① A 営業部の キムさん、会社を 辞めるそうですね。
　　　영업부의 김 씨, 회사를 그만둔다면서요?

　 B ええ、**あの** 人は 結婚するそうです。 네, 그 사람은 결혼한다고 합니다.

*A, B 모두 김 씨를 알고 있다.

② A 駐車場に あった 赤い 車は だれのですか。
　　　주차장에 있던 빨간 차는 누구 것입니까?

　 B **あれは** 鈴木さんの 車ですよ。 그것은 스즈키 씨 차예요.

*A, B 모두 빨간 차에 대해 알고 있다.

③ A 新宿の 「ハナ」と いう レストランで 会いましょうか。
　　　신주쿠에 있는 '하나'라는 레스토랑에서 만날까요?

　 B **あそこは** 週末は 人が 多いから、予約しなければ ならないはずです。
　　　그곳은 주말에는 사람이 많으니까 예약해야 할 겁니다.

*A, B 모두 '하나'라는 레스토랑을 알고 있다.

> ＊ A プリンス・ホテルの コーヒー・ショップで 会いましょうか。
> 　　　프린스 호텔 커피숍에서 만날까요?
>
> 　 B その ホテルは どこに あるんですか。 그 호텔은 어디에 있습니까?

*A는 프린스 호텔을 알고 있으나 B는 모른다.

1-3 층수를 세는 법

何階ですか。 몇 층입니까?

いっかい 1階	にかい 2階	さんがい 3階	よんかい 4階	ごかい 5階
일층	이층	삼층	사층	오층
ろっかい 6階	ななかい 7階	はっかい 8階	きゅうかい 9階	じゅっかい 10階
육층	칠층	팔층	구층	십층

*「3階」는「さんかい」가 아니라「さんがい」인 점에 주의하자.
　「何階」는「なんがい」라고 발음해도 된다.

178 → Kok! Kok! 문법

꼭꼭 1-4 「동사의 보통체 과거형 + ところです」 표현

> A 待ちましたか。 기다렸습니까?
> B いいえ、私も 今 着いた ところです。
> 아니요, 저도 지금 막 도착했습니다.

「동사의 보통체 과거형＋ところです」는 '지금 막 ~했습니다'라는 뜻을 나타낸다.

① A いつ 始まったんですか。 언제 시작되었습니까?
　 B 今 始まった ところです。 지금 막 시작되었습니다.

② A 木村さんは 帰ったんですか。 기무라 씨는 돌아갔습니까?
　 B ええ、今 帰った ところです。 네, 지금 막 돌아갔습니다.

꼭꼭 2-1 「~ている + ところです」 표현

> ほかの 仕事を 探して いる ところなんです。
> 다른 일을 찾고 있는 중입니다.

「~て いる＋ところです」는 '~하고 있는 중입니다, ~하고 있는 참입니다'라는 뜻을 나타낸다.

① A 何を して いるんですか。 무엇을 하고 있습니까?
　 B 掃除を して いる ところです。 청소를 하고 있는 중입니다.

② お客さんが 来るので 料理を 作って いる ところです。
　 손님이 오기 때문에 요리를 만들고 있는 중입니다.

꼭 문법 2-2 「の」의 용법

> 将来性の ある 会社じゃ ありませんか。
> 장래성이 있는 회사가 아닙니까?

우선 아래의 한국어 문장을 일본어로 쓰면 다음과 같다.

- 장래성이 있다 → 将来性が ある
- 바람이 강하다 → 風が 強い
- 키가 크다 → 背が 高い
- 노래를 잘한다 → 歌が 上手だ

위의 한국어 문장을 다음과 같이 바꾸면, 일본어 문장의 조사 「が」는 「の」로 바꿔 쓸 수 있다. 여기서 「の」는 「が」와 마찬가지로 주격이나 목적격을 나타낸다.

- 장래성이 있는 회사 → 将来性の ある 会社
- 바람이 강한 하루 → 風の 強い 一日
- 키가 큰 사람 → 背の 高い 人
- 노래를 잘하는 사람 → 歌の 上手な 人

① きのうは 風の 強い 一日でした。 어제는 바람이 강한 하루였습니다.
② あそこの 背の 高い 人が イーさんです。 저기 있는 키가 큰 사람이 이 씨입니다.
③ 私は 歌の 上手な 人が 好きです。 나는 노래를 잘하는 사람을 좋아합니다.

Check! 실력체크문제

1 ( ) 안의 말을 알맞은 형태로 고쳐 보자.

① A　おいしい　ケーキが　あるんですが、どうですか。
　　B　いいえ、今　ご飯を　_____（食べる）　ところですから。

　　　おなかが　いっぱいです。

② A　何を　して　いるんですか。
　　B　今晩　パーティーが　あるので、料理を　_____（作る）

　　　ところです。

③ A　帰りませんか。
　　B　私も　これから　_____（帰る）　ところなんです。

　　　一緒に　行きましょう。

④ A　会議は　何時に　終わりますか。
　　B　そうですね。少し　前に　_____（始まる）　ところですから、

　　　1時間は　かかると　思いますが。

2　대화 내용에 알맞은 말을 골라 보자.

① A　どこで　会いましょうか。
　　B　シンチョン駅は　どうですか。
　　A　[あそこ / そこ]　は　ちょっと　人が　多いから、
　　　　ほかの　所に　しませんか。

② A　私の　クラスには　留学生が　一人　います。
　　B　[あの / その]　留学生は　どこの　国の　人ですか。

③ A　きのう　着て　いた　コートは　どこで　買ったんですか。
　　B　ああ、[あれ / それ]　は　姉の　コートなんです。

④ A　ピノキオ喫茶店で　会いませんか。
　　B　[あの / その]　喫茶店は　どこに　あるんですか。
　　A　富士銀行は　知って　いるでしょう。
　　B　ええ。
　　A　[あの / その]　銀行の　隣の　建物の　2階です。

Check! 실력체크문제

3 짧은 글짓기

① 지금 막 도착해서 좀 피곤하군요.
▶ _____

② A 어제 파티에서 기모노를 입고 있던 사람은 누구입니까?
▶ _____

B 그 사람은 高橋 씨 입니다.
▶ _____

③ A 어제 산 책을 지금 읽고 있는 중입니다.
▶ _____

B 아, 그 소설이군요.
▶ _____

해답

1 ① 食べた ② 作って いる ③ 帰る ④ 始まった
2 ① あそこ ② その ③ あれ ④ その, あの
3 ① 今 着いた ところなので 少し 疲れましたね。② A きのう パーティーで 着物を 着て いた 人は だれですか。B その 人は 高橋さんです。③ A きのう 買った 本を 今 読んで いる ところです。B ああ、あの 小説ですね。

Lesson 15

キムチチゲなら 作(つく)れます。

김치찌개라면 만들 수 있습니다.

핵심문장

01 韓国料理(かんこくりょうり)も 作(つく)れますか。

02 だんだん 食(た)べられるように なりました。

03 キムチが ないと 食事(しょくじ)が できない くらいです。

01 한국 요리도 만들 수 있습니까?
02 차츰 먹을 수 있게 되었습니다.
03 김치가 없으면 식사를 못 할 정도입니다.

1 CD36

田中　韓国語は　発音が　難しいですね。

木村　そうですね。

田中　木村さん、これ、何と　読むんですか。

木村　どれですか。あ、それ、「サランヘヨ」と　読むんです。

田中　「サランヘヨ」って、どんな　意味ですか。

木村　「愛して　いるよ」と　いう　意味なんですよ。

田中　そうですか。木村さんは、韓国語で　何でも　話せるでしょう。

木村　いいえ、まだまだです。簡単な　ことなら　話せますが、難しい　ことは　全然　だめです。

다나카　　한국어는 발음이 어렵군요.
기무라　　그렇네요.
다나카　　기무라 씨, 이거 뭐라고 읽나요?
기무라　　어느 것 말이죠? 아, 그거, 「サランヘヨ」라고 읽어요.
다나카　　「サランヘヨ」란 어떤 뜻인가요?
기무라　　'사랑해요'라는 뜻이에요.
다나카　　그래요? 기무라 씨는 한국어로 무엇이든지 말할 수 있지요?
기무라　　아니요, 아직 멀었어요. 간단한 것이라면 말할 수 있지만, 어려운 것은 전혀 못 해요.

새로운 단어

はつおん（発音） 발음
なん（何）と 뭐라고
あい（愛）して　いるよ　사랑해요 ▶愛する(사랑하다) 3그룹 +て　いる(~고 있다) +よ

なん（何）でも 뭐든지
はな（話）せます 말할 수 있습니다 ▶「話せる(말할 수 있다)」는 「話す(말하다)」의 가능형

2

田中 　韓国には　どのくらい　いたんですか。

木村 　一年ぐらいです。

田中 　じゃ、韓国料理も　作れますか。

木村 　ええ、キムチチゲなら　作れます。

田中 　キムチチゲ？

木村 　あ、キムチで　作る　料理です。

田中 　それじゃ、キムチも　食べられますか。

木村 　ええ、大好きです。はじめは　辛くて　全然　食べられませんでしたが……。

　　　でも、だんだん　食べられるように　なりました。

　　　今は　キムチが　ないと、食事が　できない　くらいです。

田中 　ところで、今度の　旅行に　木村さんも　行くんですか。

木村 　いいえ、ちょっと　用事が　あって、ぼくは　行けないんです。

다나카	한국에는 어느 정도 있었나요?
기무라	일년 정도에요.
다나카	그러면, 한국 요리도 만들 수 있어요?
기무라	네, 김치찌개라면 만들 수 있어요.
다나카	김치찌개?
기무라	아, 김치로 만든 요리에요.
다나카	그러면 김치도 먹을 수 있나요?
기무라	네, 매우 좋아해요. 처음에는 매워서 전혀 못 먹었지만…….
	하지만 차츰 먹을 수 있게 되었어요.
	지금은 김치가 없으면 식사를 할 수 없을 정도에요.
다나카	그런데, 이번 여행에 기무라 씨도 가나요?
기무라	아니요. 볼 일이 좀 있어서 저는 못 가요.

새로운 단어

どのくらい 어느 정도, 얼마 정도
～ぐらい ～정도, ～쯤 ▶「～くらい」와 같다
つく(作)れます 만들 수 있습니다 ▶「作れる(만들 수 있다)」는「作る(만들다)」의 가능형

～ように なる ～하게 되다
ようじ(用事) 볼일

Kok! Kok! 문법

꼭꼭문법 1-1 동사의 가능형・가능표현

1그룹 동사(5단 동사) 기본형의 끝음을 え단음으로 바꾸고「る」를 붙인다.	行く ▶ 行ける (か き く け こ) 가다　　갈 수 있다 話す ▶ 話せる (さ し す せ そ) 말하다　말할 수 있다 読む ▶ 読める (ま み む め も) 읽다　　읽을 수 있다 入る ▶ 入れる (ら り る れ ろ) 들어가다　들어갈 수 있다
2그룹 동사(상1단 동사・하1단 동사) 「る」대신「られる」를 붙이면 된다.	起きる 일어나다 ▶ 起きられる 일어날 수 있다 食べる 먹다 ▶ 食べられる 먹을 수 있다 降りる 내리다 ▶ 降りられる 내릴 수 있다
3그룹 동사(カ행 변격 동사・サ행 변격 동사)	来る 오다 ▶ 来られる 올 수 있다 する 하다 ▶ できる 할 수 있다

(1) 모든 동사의 가능형은 2그룹 동사와 같은 활용을 한다.

　　보기　行く 가다 **1그룹**　　　▶ 行ける 갈 수 있다 **2그룹**
　　　　　行きます 갑니다, 가겠습니다　▶ 行けます 갈 수 있습니다
　　　　　行ったら 가면　　　　　　　▶ 行けたら 갈 수 있으면
　　　　　行かない 가지 않는다　　　　▶ 行けない 갈 수 없다

(2) 동사의 가능형에서는 조사「を」가 아니라「が」를 써야 한다.

　　보기　日本語の 新聞が 読めますか。 일본어로 된 신문을 읽을 수 있습니까?

2-1 동사의 가능형

> A 韓国料理も 作れますか。 한국 요리도 만들 수 있습니까?
>
> B ええ、キムチチゲなら 作れます。
> 네, 김치찌개라면 만들 수 있습니다.

① A 日本語で 手紙が 書けますか。 일본어로 편지를 쓸 수 있습니까?

　B はい、書けます。 네, 쓸 수 있습니다.

② A 朝、早く 起きられますか。 아침 일찍 일어날 수 있습니까?

　B いいえ、起きられません。 아니요, 일어나지 못합니다.

③ 生物は 食べられません。 날것은 먹지 못합니다.

④ 明日は ちょっと 用事が あって 来られませんが。
　내일은 볼일이 좀 있어서 올 수 없는데요.

⑤ テニスは 少し できますが、水泳は 全然 できません。
　테니스는 조금 할 수 있지만, 수영은 전혀 못 합니다.

2-2 「동사의 가능형 + ように なる」 표현

> だんだん 食(た)べられるように なりました。 차츰 먹을 수 있게 되었습니다.

「~ように なる」는 '~하게 되다'라는 뜻이다. 「동사의 가능형 + ように なる」가 되면 '~(할) 수 있게 되다'라는 뜻으로, 능력의 변화를 나타낸다.

① 結婚(けっこん)して 親(おや)の 心(こころ)が わかるように なりました。
결혼해서 부모의 마음을 알 수 있게 되었습니다.

② 前(まえ)は 運転(うんてん)が できませんでしたが、今(いま)は できるように なりました。
전에는 운전을 못 했지만, 지금은 할 수 있게 되었습니다.

③ 前より 字(じ)が きれいに 書(か)けるように なりました。
전보다 글씨를 예쁘게 쓸 수 있게 되었습니다.

④ 早(はや)く 日本語(にほんご)が 上手(じょうず)に 話(はな)せるように なりたいですね。
빨리 일본어를 잘 할 수 있게 되고 싶네요.

1 「なら」의 용법

> 簡単（かんたん）な ことなら 話（はな）せますが、難（むずか）しい ことは だめです。
> 간단한 것이라면 말할 수 있지만, 어려운 것은 못 합니다.

여기서 공부할 「なら」는 명사 뒤에 붙어서, 「は」와 거의 같은 의미를 나타내는 것이다. 그러나 「は」보다는 「なら」를 사용하는 쪽이 적극적인 판단의 뉘앙스를 주므로, 긍정형의 문장에서는 「なら」가, 부정형의 문장에서는 「は」가 사용되는 경향이 있다.

① ビールなら 飲（の）めますが、ウイスキーは 飲めません。
맥주라면 마실 수 있지만, 위스키는 못 마십니다.

② 明日（あした）なら 行（い）けますが、あさっては ちょっと…。
내일이라면 갈 수 있지만, 모레는 좀…….

③ 10万円（まんえん）ぐらいなら ありますが、そんな 大金（たいきん）は ありません。
10만 엔 정도라면 있지만, 그런 큰돈은 없습니다.

2 「くらい」, 「ぐらい」, 「ほど」의 용법

> どのくらい いたんですか。 어느 정도 있었습니까?

「くらい」는 「ぐらい」와 같은 말이다. 또 「ぐらい」와 「ほど」는 둘 다 '~정도, ~쯤'이라는 뜻을 가지고 있다. 따라서 항상 서로 바꿔 쓸 수 있을 거라고 생각하기 쉬우나, 바꿔 쓰지 못하는 경우도 있다. 그 예의 하나로 「この, その, あの, どの」 다음에는 「ほど」를 쓸 수 없다.

- 1年（ねん）くらい = 1年ほど 1년 정도
- 5分（ふん）ぐらい = 5分ほど 5분 정도
- 食事（しょくじ）が できないくらい = 食事が できないほど 식사를 못 할 정도

*どのくらい ≠ どのほど 어느 정도

Check! 실력체크문제

1 다음 문장을 보기와 같이 바꾸어 보자.

> 보기
> 日本語で　手紙を　書く。
> ▶ 日本語で　手紙が　書けますか。

① キムチを　食べる。
▶ _____

② 韓国料理を　作る。
▶ _____

③ 朝　早く　起きる。
▶ _____

④ 一週間に　3回　来る。
▶ _____

⑤ 運転を　する。
▶ _____

2 ( ) 안의 단어를 알맞은 형태로 고쳐 보자.

① はじめは 刺し身が だめでしたが、このごろは _____ ように なりました。（食べる）

② 私の 子供は 1歳です。このごろ、_____ ように なりました。（歩く）

③ 前は 水泳が できませんでしたが、今は _____ ように なりました。（する）

④ 前は 日本語が あまり よく できませんでしたが、今は 上手に _____ ように なりました。（話す）

⑤ 前は あまり お酒を 飲めませんでしたが、このごろは たくさん _____ ように なりました。（飲む）

Check! 실력체크문제

3 짧은 글짓기

① 일본어는 조금 할 수 있지만, 영어는 전혀 못 합니다.
▶ _____

② 그의 노래라면 뭐든지 부를 수 있습니다.
▶ _____

③ 매우 열심히 연습해서 점차 잘 할 수 있게 되었습니다.
▶ _____

해답

1　① キムチが 食べられますか。② 韓国料理が 作れますか。③ 朝 早く 起きられますか。④ 一週間に 3回 来られますか。⑤ 運転が できますか。
2　① 食べられる　② 歩ける　③ できる　④ 話せる　⑤ 飲める
3　① 日本語は 少し できますが、英語は 全然 できません。② 彼の 歌なら 何でも 歌えます。③ 大変 いっしょうけんめいに 練習して だんだん よく できるように なりました。

Lesson 16

日本の 歴史を 研究しようと 思って います。

일본의 역사를 연구하려고 생각하고 있습니다.

핵심문장

01 いろいろ 聞いて みようと 思って います。

02 大学を 卒業した 後、大学院に 進む つもりです。

03 来月から 日本語学校に 通う ことに しました。

01 여러 가지 물어 보려고 생각하고 있습니다.
02 대학을 졸업한 후에, 대학원에 진학할 예정입니다.
03 다음 달부터 일본어 학교에 다니기로 했습니다.

196 → Tok! Tok! 회화

1 CD38

私の 家族は 6人で、私は 4人兄弟の 3番目です。
わたし かぞく にん きょうだい ばんめ

明るくて、積極的な 性格です。
あか せっきょくてき せいかく

趣味は 映画を 見る ことと スポーツです。
しゅみ えいが み

アメリカの 映画と サッカーが とくに 好きです。
す

私は 今、ブサンに ある 韓国大学の 4年生です。
いま かんこくだいがく ねんせい

大学では 歴史学を 専攻して います。
れきしがく せんこう

大学を 卒業した 後、大学院に 進む つもりです。
そつぎょう あと だいがくいん すす

저희 가족은 6명이고, 저는 4형제 중 셋째입니다.
밝고 적극적인 성격입니다.
취미는 영화를 보는 것과 스포츠입니다.
미국영화와 축구를 특히 좋아합니다.

저는 지금 부산에 있는 한국대학교 4학년입니다.
대학에서는 역사학을 전공하고 있습니다.
대학을 졸업한 후에 대학원에 진학할 예정입니다.

새로운 단어

あか(明)るい 밝다, 명랑하다
せっきょくてき(積極的)だ 적극적이다
せいかく(性格) 성격
～こと ① ～것, ～일 ② (～한) 적(2과)
とく(特)に 특히
よねんせい(4年生) 4학년 ▶「～年生(ねんせい)」는 '～학년'이라는 뜻이다.

れきしがく(歴史学) 역사학, 사학
だいがくいん(大学院) 대학원
すす(進)む 진학하다 1그룹
～つもりだ ～(할) 작정이다, ～(할) 생각이다, ～(할) 예정이다

大学院では、日本の 歴史を 研究しようと 思っています。

大学院の 試験は 12月に あります。面接も あります。

面接は、英語か 日本語の インタビューです。

私は 英語には 自信が ありますが、日本語には ちょっと 自信が ありません。

それで、来月から 日本語学校に 通う ことに しました。

また、先輩に 会って、試験に ついて いろいろ 聞いて みようと 思って います。

대학원에서는 일본의 역사를 연구하려고 생각하고 있습니다.
대학원 시험은 12월에 있습니다. 면접도 있습니다.
면접은 영어나 일본어 인터뷰입니다.
저는 영어에는 자신이 있습니다만, 일본어에는 자신이 좀 없습니다.
그래서 다음 달부터 일본어 학교에 다니기로 했습니다.
또, 선배를 만나서 시험에 대해 여러 가지 물어 보려고 생각하고 있습니다.

새로운 단어

れきし(歷史) 역사
けんきゅう(研究)しようと 연구하려고
 ▶研究する (연구하다) 3그룹 ＋ようと (～려고)
～ようと おも(思)う ～하려고 생각하다, ～하려고 하다

めんせつ(面接) 면접
じしん(自信) 자신
かよ(通)う 다니다 1그룹
～ことに する ～하기로 하다

3

大学院を 卒業したら、日本へ 留学しようと 思って います。

日本で 生活しながら、生きて いる 日本語を 習いたいし、日本文化も 体験して みたいです。とても いい 勉強に なると 思います。

日本から 帰ったら、母校で 教えたいです。

この 夢を 実現する ために、一生懸命 努力する つもりです。

대학원을 졸업하면, 일본에 유학가려고 생각하고 있습니다.
일본에서 생활하면서 살아 있는 일본어를 배우고 싶고, 일본 문화도 체험해 보고 싶습니다.
매우 좋은 공부가 될 거라고 생각합니다.
일본에서 돌아오면, 모교에서 가르치고 싶습니다.
이 꿈을 실현하기 위하여, 열심히 노력할 생각입니다.

새로운 단어

い(生)きる 살다, 생존하다 2그룹
ぶんか(文化) 문화
たいけん(体験)する 체험하다 3그룹
ぼこう(母校) 모교

ゆめ(夢) 꿈
じつげん(実現)する 실현하다 3그룹
いっしょうけんめい(一生懸命) 열심히
どりょく(努力)する 노력하다 3그룹

Kok! Kok! 문법

꼭꼭문법 1-1 「つもりです」 표현

> 大学を 卒業した 後、大学院に 進む **つもりです**。
> 대학을 졸업한 후에, 대학원에 진학할 예정입니다.

동사의 기본형에 「つもりです」가 연결되면 '~(할) 예정입니다, ~(할) 생각입니다, ~(할) 작정입니다'라는 뜻이 된다.

① 来年 結婚する つもりです。 내년에 결혼할 예정입니다.
② 学校を 辞めて 就職する つもりです。 학교를 그만두고 취직할 생각입니다.
③ 来月から 中国語を 習う つもりです。 다음 달부터 중국어를 배울 작정입니다.

꼭꼭문법 2-1 동사의 ~(よ)う형(의지형)

「~(よ)う」는 권유나 의지를 나타내며, '~하자, ~하겠다'라고 해석된다.

1그룹 동사(5단 동사) 기본형의 끝음을 お단음으로 바꾸고 「う」를 붙인다.	行く ▶ 行こう (か き く け こ) 가다 가자, 가겠다 習う ▶ 習おう (あ い う え お) 배우다 배우자, 배우겠다 なる ▶ なろう (ら り る れ ろ) 되다 되자, 되겠다 話す ▶ 話そう (さ し す せ そ) 말하다 말하자, 말하겠다
2그룹 동사(상1단 동사・하1단 동사) 「る」를 떼고 「よう」를 붙인다.	見る 보다 ▶ 見よう 보자, 보겠다 出る 나가(오)다 ▶ 出よう 나가(오)자, 나가(오)겠다 食べる 먹다 ▶ 食べよう 먹자, 먹겠다
3그룹 동사(カ행 변격 동사・ サ행 변격 동사)	来る 오다 ▶ 来よう 오자, 오겠다 する 하다 ▶ しよう 하자, 하겠다

꼭끔 2-2 「～(と)うと 思って いる」 표현

> 日本の 歴史を 研究しようと 思って います。
> 일본의 역사를 연구하려고 생각하고 있습니다.

「～(よ)う」에「と 思って いる」를 연결하면 '～하려고 생각하고 있다, ～하려고 한다'라는 뜻이 된다. 결국 이 말은 앞에서 공부한「～つもりだ(～(할) 예정이다, ～(할) 생각이다)」와 같은 의미를 나타낸다.

① A 鈴木さんが 交通事故で 入院して いるそうですね。
　　스즈키 씨가 교통사고로 입원하고 있다더군요.

　 B ええ、私は 明日 お見舞いに 行こうと 思って いるんですが、一緒に 行きませんか。
　　네, 저는 내일 문병하러 가려고 생각하고 있는데, 같이 가지 않겠습니까?

② もう 少し 待とうと 思って います。 좀 더 기다리려고 합니다.

③ もっと がんばろうと 思って います。 더욱 노력하려고 합니다.

Kok! Kok! 문법

꼭꼭 2-3 결심・습관을 나타내는「동사의 기본형 + ことに する」표현

> 来月から 日本語学校に 通う ことに しました。
> 다음 달부터 일본어 학교에 다니기로 했습니다.

「동사의 기본형 + ことに する」는 '~(하)기로 하다'라는 뜻이다. 「~ことに しました(~(하)기로 했습니다)」라고 하면 '어떤 결심을 하다'라는 뜻이 되고, 「~ことに して います(~(하)기로 하고 있습니다)」라고 하면 '습관적으로 행하고 있다'라는 뜻이 된다.

① 今年から たばこを やめる ことに しました。 올해부터 담배를 끊기로 했습니다.

② A 鈴木さんも 行くんですか。 스즈키 씨도 갑니까?
　B いいえ、私は 行かない ことに しました。 아니요, 저는 가지 않기로 했습니다.

③ 体の ために 毎朝 牛乳を 飲む ことに して います。
　건강을 위해서 매일 아침 우유를 마시기로 하고 있습니다.

④ 毎日 1時間ぐらい 本を 読む ことに して います。
　매일 1시간 정도 책을 읽기로 하고 있습니다.

Check! 실력체크문제 ←205

1 ( ) 안의 말을 사용하여 질문에 답해 보자.

① A 大学を 卒業した 後、どうするんですか。(大学院に 進む)
B _____

② A いつ 結婚するんですか。(来年の 3月)
B _____

③ A 卒業旅行に 行きますか。(いいえ)
B _____

④ A 大学で 何を 勉強するんですか。(日本文学)
B _____

2 보기와 같이 두 문장을 한 문장으로 만들어 보자.

> 보기
> 今年から たばこを 止めます。そう 決めました。
> ▶ 今年から たばこを 止める ことに しました。

① 私は 行きません。そう 決めました。
▶ _____

② 来月から 日本語を 習います。そう 決めました。
▶ _____

③ これから お酒は 飲みません。そう 決めました。
▶ _____

Check! 실력체크문제

④ 会社を 辞めます。そう 決めました。
  ▸ _____

3 짧은 글짓기

① 나는 이번 여름 휴가에 제주도에 가려고 생각하고 있습니다.
  ▸ _____

② 토요일 오후, 친구의 결혼식에 갈 예정입니다.
  ▸ _____

③ 올 겨울에는 친구들과 스키를 배우기로 했습니다.
  ▸ _____

해답

1　① 大学院に 進む つもりです。② 来年の 3月に 結婚しようと 思って います。③ いいえ、行かない つもりです。④ 日本文学を 勉強する つもりです。
2　① 私は 行かない ことに しました。② 来月から 日本語を 習う ことに しました。③ これから お酒は 飲まない ことに しました。④ 会社を 辞める ことに しました。
3　① 私は 今度の 夏休みに 済州道へ 行こうと 思って います。② 土曜日の 午後、友達の 結婚式に 行く つもりです。③ 今度の 冬には 友達と スキーを 習う ことに しました。

Lesson 17

通訳で 行く ことに なったんです。

통역으로 가게 되었습니다.

핵심문장

01 通訳で 行く ことに なったんです。
02 小学生の お子さんも 二人 いる らしいです。
03 この 前 女性が 社長に なった ばかりです。

01 통역으로 가게 되었습니다.
02 초등학생인 자녀도 두 명 있는 것 같습니다.
03 요전에 여성이 사장이 된 지 얼마 안 됩니다.

1

木村 お待たせしました。

高橋 いいえ、私も 来た ばかりです。忙しそうですね。

木村 ええ。あさってから、ホンコンへ 出張です。

高橋 またですか。きのう、帰って きた ばかりじゃ ないですか。

木村 ええ。あさっては 社長の 通訳で 行く ことに なったんです。

高橋 いつ 帰って くるんですか。

木村 インドネシアにも 行く ことに なって いるので、一週間は かかると 思います。

기무라	오래 기다리셨습니다.
다카하시	아니에요, 저도 온 지 얼마 안 됐어요. 바쁜 것 같군요.
기무라	네. 모레부터 홍콩으로 출장갑니다.
다카하시	또요? 어제 막 돌아오지 않았나요?
기무라	네. 모레는 사장님의 통역으로 가게 되었어요.
다카하시	언제 돌아오는데요?
기무라	인도네시아에도 가게 되어서 일주일은 걸릴 거라고 생각합니다.

새로운 단어

おま(待)たせしました 오래 기다리셨습니다
~た ばかりです 막 ~했습니다, ~한 지 얼마 안 되었습니다
ホンコン(Hong Kong) 홍콩
つうやく(通訳) 통역
~ことに なる ~하기로 되다, ~하게 되다
インドネシア(Indonesia) 인도네시아

2

高橋: うわさに よると、ホンコン支社の 副社長は 女性だそうですが。

木村: ええ、この 業界では ベテランだそうですよ。

高橋: そうですか。簡単に 決まったんですか。

木村: いいえ、反対する 人も たくさん いたらしいんです。

高橋: どうしてですか。

木村: 理由は いろいろ あったらしいです。でも、女性と いうのが 一番 大きい 理由だったらしいですよ。

高橋: それは 男女差別じゃ ないですか。

木村: そうかも しれませんが…。

高橋: ＡＢ社も、この 前 女性が 社長に なったばかりですよ。

木村: それは 知って います。仕事の 能力が あるから、ホンコン支社でも 女性が 副社長に なったんだと 思いますよ。

高橋: その 女性、結婚して いるんですか。

木村: ええ。小学生の お子さんも 二人 いるらしいですよ。

高橋: すごい キャリア・ウーマンですね。

다카하시	소문에 의하면, 홍콩 지사의 부사장은 여성이라고 하던데요.
기무라	네, 이 업계에서는 베테랑이라고 해요.
다카하시	그래요? 간단히 결정된 건가요?
기무라	아니요, 반대하는 사람도 많이 있었던 모양이에요.
다카하시	어째서죠?
기무라	이유는 여러 가지 있었던 것 같아요. 하지만 여성이라는 것이 가장 큰 이유였던 것 같아요.
다카하시	그것은 남녀차별이잖아요.
기무라	그럴지도 모르지만…….
다카하시	AB사도 요전에 여성이 사장이 된 지 얼마 안 돼요.
기무라	그것은 알고 있어요. 일에 대한 능력이 있으니까, 홍콩지사에서도 여성이 부사장이 된 것이라고 생각해요.
다카하시	그 여성, 결혼했나요?
기무라	네. 초등학생인 자녀도 두 명 있는 모양이에요.
다카하시	굉장한 커리어우먼이군요.

새로운 단어

うわさ 소문
～に よると ～에 의하면
ししゃ(支社) 지사
ふくしゃちょう(副社長) 부사장
じょせい(女性) 여성
ぎょうかい(業界) 업계
ベテラン(veteran) 노련한 사람, 베테랑
はんたい(反対)する 반대하다 [3그룹]
～らしい ～인 것 같다, ～인 모양이다

りゆう(理由) 이유
だんじょ(男女) 남녀
さべつ(差別) 차별
のうりょく(能力) 능력
しょうがくせい(小学生) 초등학생
すごい 굉장하다, 훌륭하다, 멋지다
キャリア・ウーマン(career woman) 커리어 우먼

Kok! Kok! 문법

꼭꼭 1-1 「～た ばかりです」 표현

> 私(わたし)も 来(き)た ばかりです。 저도 온 지 얼마 안 되었습니다.

「～た ばかりです」는 '～막 ～했습니다, ～한 지 얼마 안 되었습니다'라는 뜻이다.

① A 失礼(しつれい)ですが、結婚(けっこん)して いますか。 실례지만, 결혼했습니까?
　 B ええ、先月(せんげつ) 結婚(けっこん)した ばかりです。 네, 지난 달에 막 결혼했습니다.

② A 鈴木(すずき)さん、ケーキ 食(た)べませんか。 스즈키 씨, 케이크 먹지 않겠습니까?
　 B ご飯(はん)を 食(た)べた ばかりですから、後(あと)で いただきます。
　　　밥을 먹은 지 얼마 안 돼서, 나중에 먹겠습니다.

③ 生(う)まれた ばかりの 赤(あか)ちゃんは 一日中(いちにちじゅう) 寝(ね)たり 食(た)べたりします。
　　태어난 지 얼마 안 된 아기는 하루 종일 자거나 먹거나 합니다.

*여기서 「寝たり 食べたりする」의 「～たり ～たり」는 반복적으로 일어나는 일을 나타내고 있다.

꼭꼭 1-2 「～ことに なる」 표현

> 社長(しゃちょう)の 通訳(つうやく)で 行(い)く ことに なったんです。
> 사장님의 통역으로 가게 되었습니다.

「～ことに なる」는 우리말로 '～하게 되다'라는 뜻이다. 「～ことに なる」에는 두 가지 의미가 있는데, 하나는 아래의 예문 ①, ②와 같이 '어떤 일을 하게 되다'라는 뜻이고, 또 하나는 ③, ④와 같이 '어떤 규칙이나 관례에 따라, 어떤 행동이 취해져야 하는지 정해져 있음'을 나타낸다. ③, ④와 같은 예문은 손님에게 주의를 줄 때 자주 사용되는데, 손님에게는 「～ては いけません(～해서는 안 됩니다)」,「～ないで ください(～(하)지 마십시오)」라고 하는 것보다는 ③, ④와 같이 「～ことに なって います」를 사용하는 것이 바람직하다.

① 母が　病気で　国へ　帰る　ことに　なりました。
어머니가 편찮으셔서, 고향에 돌아가게 되었습니다.

② 大阪支社へ　転勤する　ことに　なりました。 오사카 지사로 전근가게 되었습니다.

③ カメラなどは　持って　入れない　ことに　なって　います。
카메라 등은 가지고 들어갈 수 없게 되어 있습니다.

④ ここでは　靴を　脱ぐ　ことに　なって　います。
여기서는 구두를 벗게 되어 있습니다.

2-1 「らしい」의 용법

> **反対する　人も　たくさん　いたらしいです。**
> 반대하는 사람도 많이 있었던 모양입니다.

「らしい」는 '~인 것 같다, ~인 모양이다'라는 뜻으로, 사실이라고 단언할 수는 없지만 객관적인 근거(그 당시의 상황이나 각종 정보)에 의해 충분히 사실일 것이라고 판단될 때 사용한다. 접속 방법은 다음과 같다.

명사	ナ형용사	イ형용사	동사
残業らしい	大変らしい	忙しいらしい	辞めるらしい

① 明日から　寒く　なるらしいですよ。 내일부터 추워질 것 같아요.

② 木村さんは　今日も　残業らしいですよ。 기무라 씨는 오늘도 잔업인 것 같군요.

③ あの　店は　おいしく　ないらしいですよ。 저 가게는 맛이 없을 것 같군요.

④ 高橋さんが　会社を　辞めるらしいですよ。 다카하시 씨가 회사를 그만두는 것 같아요.

Kok! Kok! 심화학습

1 해석에 유의해야 하는 표현

> ホンコンへ 出張です。 홍콩으로 출장갑니다.

위의 예문을 '홍콩으로 출장입니다'라고 해석하면 상당히 어색하다. 이와 같이 일본어에는 형식적으로는 명사문이지만 내용상으로는 동사의 의미까지 내포하고 있는 경우가 많으므로, 우리말로 옮길 때 주의해야 한다.

① 明日も 雨でしょうか。 내일도 비가 올까요?
② 部長は 会議室ですか。 부장님은 회의실에 계십니까?
③ 私は コーヒーです。 저는 커피를 마시겠습니다.

2 「〜た ところです」와 「〜た ばかりです」

「〜た ところです」와 「〜た ばかりです」는 서로 의미가 비슷하여 바꿔 쓸 수 있는 경우도 있지만, 바꿔 쓰지 못하는 경우도 있다.

① 今 来た ばかりです。 지금 막 왔습니다.
② 会議は 少し 前に 終わった ばかりです。 회의는 조금 전에 막 끝났습니다.
③ イーさんは 先月 結婚した ばかりです。 이 씨는 지난 달에 막 결혼했습니다.
④ この 赤ちゃんは きのう 生まれた ばかりです。 이 아기는 어제 막 태어났습니다.
⑤ 一週間前に 引っ越して きた ばかりです。 일주일 전에 막 이사 왔습니다.

위의 예문 중 ①과 ②는「〜た ところです」로 바꿔 쓸 수 있지만, ③, ④, ⑤는「〜た ところです」를 쓸 수 없다. 즉,「〜た ところです」는 어떤 일이 일어난 '직후'만을 말하지만,「〜た ばかりです」는 어떤 일이 일어난 직후라는 뜻 외에 '시간적으로 얼마 지나지 않은 상태'라는 뜻도 가지고 있다. ③, ④, ⑤의「先月」,「きのう」,「一週間前」는 어떤 일이 일어난 직후를 나타내는 표현으로는 적합하지 않으므로, ③, ④, ⑤의「〜た ばかりです」는「〜た ところです」로 바꿔 쓸 수 없는 것이다.

3 「のだ/のです」의 용법

> 能力(のうりょく)が あるから 副社長(ふくしゃちょう)に なった**んだ**と 思(おも)いますよ。
> 능력이 있으니까 부사장이 된 것이라고 생각합니다.

여기서 「んだ」는 자기의 판단을 주장하는 느낌을 나타낸다. 「んだ」의 「ん」은 문어체에서는 주로 「の」의 형태로 사용된다. 「のだ/のです」의 접속방법은 「んです」의 경우와 같다.

	명사	ナ형용사	イ형용사	동사
현재	学生(がくせい)なのだ	有名(ゆうめい)なのだ	安(やす)いのだ	行(い)くのだ
과거	学生だったのだ	有名だったのだ	安かったのだ	行ったのだ

다음은 「のです」를 사용한 예문이다.

① たくさん 食(た)べて 運動(うんどう)は しないから、太(ふと)る**のです**。
   많이 먹고 운동은 하지 않으니까 살찌는 겁니다.

② 努力(どりょく)しないから できない**のです**。 노력하지 않으니까 못 하는 겁니다.

③ 新鮮(しんせん)な 材料(ざいりょう)で 作(つく)ったから おいしい**のです**。
   신선한 재료로 만들었기 때문에 맛있는 겁니다.

4 「らしいです」와 「ようです」

「らしいです」와 「ようです」는 '단언할 수는 없지만 어떤 근거를 가지고 아마 그럴 것이다'라고 판단할 경우에 사용한다. 「ようです」는 판단의 근거가 주관적인 것이든 객관적인 것이든 상관없지만, 「らしいです」는 반드시 객관적인 근거를 가지고 말할 때 사용한다. 또 「ようです」는 주관적인 판단이나 직감적인 인상을 나타내는 경우에도 사용되는데, 이 경우 「らしいです」는 사용할 수 없다. 다음의 예문 ①은 「らしいです」로 바꿔 쓸 수 있지만, ②는 바꿔 쓸 수 없다.

① A くしゃみが 出(で)たり 鼻水(はなみず)が 出たり します。
   재채기가 나오기도 하고 콧물이 나오기도 합니다.
   B 風邪(かぜ)の**ようです**ね。 감기인 것 같군요.

② あの 話(はなし)は 以前(いぜん)にも どこかで 聞(き)いた**ようです**。
   그 이야기는 이전에도 어딘가에서 들은 것 같습니다.

Check! 실력체크문제

1 문맥에 알맞은 말을 ⓐ와 ⓑ 중에서 골라 보자.

① A　カメラを　持って　入っても　いいですか。
　　B　すみません。カメラは　持って　入れない
　　　　〔　ⓐ　ことに　して　います。
　　　　　　ⓑ　ことに　なって　います。

② 今年からは　健康の　ために　お酒と　たばこを　やめる
　　　　〔　ⓐ　ことに　しました。
　　　　　　ⓑ　ことに　なりました。

③ 危ないので　7歳以下の　子供は　乗れない
　　　　〔　ⓐ　ことに　して　います。
　　　　　　ⓑ　ことに　なって　います。

④ 大阪から　帰って　きた　ばかりですが、仕事で　また
　　大阪へ　行く　〔　ⓐ　ことに　しました。
　　　　　　　　　　ⓑ　ことに　なりました。

2 보기와 같이 말해 보자.

> 보기　5分　前に　着きました。▸ <u>着いた　ばかりです。</u>

① 先月　結婚しました。
　▸ _____

② 1か月　前に　生まれました。
　▸ _____

③ 1時間　前に　ご飯を　食べました。
　▸ _____

④ 少し　前に　来ました。
　▸ _____

3 「らしい」를 사용하여 문장을 완성해 보자.

① 明日は　雨が　_____ですよ。
　　　　　　　　　　　（降る）

② 高橋さんの　ご主人は　_____です。
　　　　　　　　　　　　　（アメリカ人）

③ 鈴木さんは　スキーが　_____です。
　　　　　　　　　　　　　（上手だ）

Check! 실력체크문제

3 짧은 글짓기

① 결혼해서 서울로 이사하게 되었습니다.

▶ _____

② 소문에 의하면 木村 씨는 담배를 끊은 모양입니다.

▶ _____

③ 일본어학교에 다니기 시작한 지 얼마 안 되어, 아직 히라가나밖에 모릅니다.

▶ _____

해답

1 ① ⓑ ② ⓐ ③ ⓑ ④ ⓑ
2 ① 結婚した ばかりです。 ② 生まれた ばかりです。 ③ ご飯を 食べた ばかりです。 ④ 来た ばかりです。
3 ① 降るらしい ② アメリカ人らしい ③ 上手らしい
4 ① 結婚して ソウルへ 引っ越す ことに なりました。 ② うわさに よると 木村さんは たばこを やめたらしいです。 ③ 日本語学校に 通いはじめた ばかりで まだ ひらがなしか わかりません。

Lesson 18

毎日 料理も 作って くれるんです。

매일 요리도 만들어 줍니다.

핵심문장

01 チケットを くれる / チケットを もらう / チケットを あげる

02 作って くれる / 作って もらう / 作って あげる

01 (나에게) 티켓을 주다 / 티켓을 받다 / (다른 사람에게) 티켓을 주다

02 (나에게) 만들어 주다 / (다른 사람에게) 만들어 받다, (다른 사람이) 만들어 주다 / (다른 사람에게) 만들어 주다

1

パク　佐藤さん、知り合いが　コンサートの　チケットを　くれたんですが、要りませんか。

佐藤　どんな　コンサートですか。

パク　ジャズコンサートです。

佐藤　ジャズは　大好きです。もらっても　いいんですか。

パク　はい、もちろん。

佐藤　あのう、もう　一枚　いいですか。

パク　はい、どうぞ。たくさん　ありますから。

박　　사토 씨, 아는 사람이 콘서트 티켓을 줬는데요. 필요하지 않으세요?
사토　어떤 콘서트인데요?
박　　재즈 콘서트에요.
사토　재즈는 아주 좋아해요. 받아도 되나요?
박　　네, 물론이죠.
사토　저어, 한 장 더 받아도 되요?
박　　네, 여기 있어요. 많이 있거든요.

새로운 단어

し(知)りあ(合)い 아는 사람
コンサート(concert) 콘서트, 연주회
チケット(ticket) 티켓, 표
くれたんです (남이 나에게) 주었습니다
　▶くれる(주다) 2그룹 + た(~었) + ん + です(~습니다)
い(要)りませんか 필요하지 않습니까?
　▶要る(필요하다) 1그룹 + ませんか(~지 않습니까?)

ジャズ(jazz) 재즈
もらっても いいんですか (남에게서) 받아도 됩니까? ▶もらう(받다) 1그룹 + ても(~해도) + いいんですか(됩니까?)
もちろん 물론

2

パク　　その　箱は　何ですか。

佐藤　　これですか。姉に　あげる　ブラウスなんです。

　　　　いつも　姉に　掃除や　洗濯を　して　もらって　いるので、

　　　　時々　プレゼントを　するんです。

パク　　へえ、お姉さんが　掃除や　洗濯を　して　くれるんですか。

佐藤　　ええ、毎日　料理も　作って　くれるんですよ。

박	그 상자는 뭐에요?
사토	이거요? 누나에게 줄 블라우스에요.
	언제나 누나가 청소나 빨래를 해 주기 때문에, 가끔 선물을 하거든요.
박	와~, 누님이 청소나 빨래를 해 주나요?
사토	네, 매일 요리도 만들어 줘요.

새로운 단어

はこ(箱) 상자
あげる (남에게) 주다 2그룹
ブラウス(blouse) 블라우스
ときどき(時々) 가끔, 때때로 ▶「々」는 같은 한자가 겹쳐짐을 나타내는 표시이다. 같은 글자지만, 뒤의「とき」는 발음이「どき」로 바뀐다.

へえ 와~ ▶감탄하거나 놀랐을 때, 또는 어이 없을 때 내는 소리

3

佐藤　パクさん、それ　すてきな　ネックレスですね。

パク　そうですか。ありがとう。これ、主人に　買って　もらったんです。実は、きのうが　私たちの　結婚記念日だったんですよ。

佐藤　そうですか。おめでとうございます。

パク　ゆうべは、久しぶりに　すてきな　レストランで　食事を　したんですよ。

佐藤　ご主人は、どんな　方ですか。

パク　優しい　人です。私が　疲れて　いる　ときは　掃除を　して　くれたり、お皿を　洗って　くれたりします。

佐藤　へえ、いい　ご主人ですね。

사토	박 씨, 그거 근사한 목걸이네요.
박	그래요? 고마워요. 이거, 남편이 사 준 거예요.
	실은 어제가 우리 결혼기념일이었거든요.
사토	그래요? 축하합니다.
박	어제 저녁은 오랜만에 근사한 레스토랑에서 식사를 했어요.
사토	남편은 어떤 분인가요?
박	자상한 사람이에요. 내가 피곤할 때에는 청소를 해 주거나, 설거지를 해 주거나 해요.
사토	와~, 좋은 남편이시네요.

새로운 단어

ネックレス(necklace) 목걸이
ネックレスを する 목걸이를 하다
けっこんきねんび(結婚記念日) 결혼기념일

ゆうべ 어제 저녁, 어젯밤
やさ(優)しい 다정하다, 자상하다

Kok! Kok! 문법

꼭문 1-1 「くれる」의 용법

> 知り合いが　コンサートの　チケットを　**くれたんです**。
> 아는 사람이 콘서트 티켓을 주었습니다.

「くれる」는 누군가(나 아닌 다른 사람)가 나 또는 나와 가까운 사람에게 뭔가를 '주다'라는 뜻이다. 여기서 나와 가까운 사람이란 가족이나 친척·친구 등을 말한다.

① 友達が　（私に）　ブローチを　くれました。 친구가 (나에게) 브로치를 주었습니다.
② 鈴木さんは　私の　弟に　テニスの　ラケットを　くれました。
　　스즈키 씨는 내 남동생에게 테니스 라켓을 주었습니다.
③ A　その　ウォークマン、買ったんですか。 그 워크맨, 산 거예요?
　　B　いいえ、兄が　くれたんです。 아니요, 형이 주었습니다.

꼭문 1-2 「もらう」의 용법

> もう　一枚　**もらっても**　いいですか。 한 장 더 받아도 됩니까?

「もらう」는 누군가에게 뭔가를 '받다'라는 뜻이다. '~에게서, ~한테서, ~로부터'라는 의미를 가지는 「に」는 「から」로 바꿔 쓸 수 있다.

① 私は　友達に　誕生日の　プレゼントを　もらいました。
　　나는 친구에게 생일 선물을 받았습니다.
② 店員は　お客さんに　チップを　もらいました。 점원은 손님에게서 팁을 받았습니다.
③ （イーさんは）　バレンタイン・デーに　彼女から　チョコレートを　もらいましたか。
　　(이 씨는) 발렌타인데이에 여자 친구한테서 초콜릿을 받았습니까?

꼭집 2-1 「あげる」의 용법

> 姉に あげる ブラウスなんです。 누나에게 줄 블라우스입니다.

「あげる」는 남에게 무엇인가를 '주다'라는 뜻이다.

① 私は 佐藤さんに 靴の 割引券を あげました。
나는 사토 씨에게 구두 할인권을 주었습니다.

② パクさんは 高橋さんに 旅行の 時の 写真を あげました。
박 씨는 다카하시 씨에게 여행갔을 때 찍은 사진을 주었습니다.

*일본에서는 친한 사이가 아니면 물건을 받게 될 상대방에게 직접 「あげる」라는 표현을 잘 쓰지 않는다. 따라서 눈 앞에 있는 상대방에게 '당신에게 ~을 주겠습니다'라고 표현하기보다는 부드럽고 완곡한 다른 표현을 사용하는 것이 좋다.
예를 들어 영화 티켓을 주려고 할 경우엔 「映画の チケットが あるんですが、いかがですか。(영화 티켓이 있는데, 어떠세요?)」라는 등의 표현을 사용하는 것이 좋다.

꼭집 2-2 「~て あげる」의 용법

> 私は 弟の 宿題を 手伝って あげました。
> 나는 남동생의 숙제를 도와 주었습니다.

「~て あげる」는 본문에 나와 있지는 않지만, 여기서 다루기로 하겠다. 「~て あげる」는 나를 포함한 누군가가 나 이외의 사람에게 '~해 주다'라는 뜻이다.

① 木村さんは パクさんを 家まで 送って あげました。
기무라 씨는 박 씨를 집까지 바래다 주었습니다.

② 私は 妹に スカーフを 買って あげました。 나는 여동생에게 스카프를 사 주었습니다.

*「~て あげる」는 눈 앞에 있는 상대방에게 직접 사용하면 강요하는 듯한 인상을 주므로, 사용하지 않는 것이 좋다. 눈 앞에 있는 상대방에게는 다음과 같이 말해야 실례가 되지 않는다.

228 → Kok! Kok! 문법

┌ 手伝って あげます。（×）（도와 주겠습니다.）
└ 手伝いましょうか。（○）（도와 드릴까요?）
┌ かばんを 持って あげます。（×）（가방을 들어 주겠습니다.）
└ かばんを 持ちましょうか。（○）（가방을 들어 드릴까요?）

또는 아주 정중하게 말해야 할 경우는 25과에서 공부할「お〜する」라는 겸양 표현을 사용하여 「お手伝いしましょうか」, 「お持ちしましょうか」라고 하면 된다.

꼭꼭 2-3「〜て もらう」의 용법

> 姉に 掃除や 洗濯を して もらって います。
> 누나가 청소나 빨래를 해 주고 있습니다.

「〜に 〜て もらう」는 직역하면 '〜에게 〜해 받다'이지만 의역해서 '〜가 〜해 준다'로 하는 것이 자연스럽다. 이 때 「に」는 「から」로 바꿔 쓸 수 있다.

① 弟は 高橋さんに 日本語を 教えて もらいました。
남동생은 다카하시 씨에게 일본어를 가르쳐 받았습니다. (= 다카하시 씨는 남동생에게 일본어를 가르쳐 주었습니다.)

② 私は 佐藤さんに 東京都内を 案内して もらいました。
나는 사토 씨에게 도쿄도내를 안내해 받았습니다. (= 사토 씨는 나에게 도쿄도내를 안내해 주었습니다.)

꼭꼭 3-1「〜て くれる」의 용법

> 主人が 掃除を して くれたり、お皿を 洗って くれたり します。 남편이 청소를 해 주거나, 설거지를 해 주거나 합니다.

「〜が 〜に 〜て くれる」는 '나 이외의 사람이 나 또는 나와 가까운 사람에게 〜해 주다'라는 뜻이다.

① 鈴木さんは 私に 時計を 買って くれました。
스즈키 씨는 나에게 시계를 사 주었습니다.

② キムさんが キムチを 作って くれました。 김 씨가 김치를 만들어 주었습니다.

③ 木村さんが 親切に 説明して くれました。 기무라 씨가 친절하게 설명해 주었습니다.

1 수수(授受)동사

수수동사란 '주다', '받다'의 뜻을 가진 동사를 말한다. 주고 받는 입장에 따라 사용하는 말이 달라지는데, 간단히 정리해 보면 다음과 같다.

(1) 상하(上下)관계

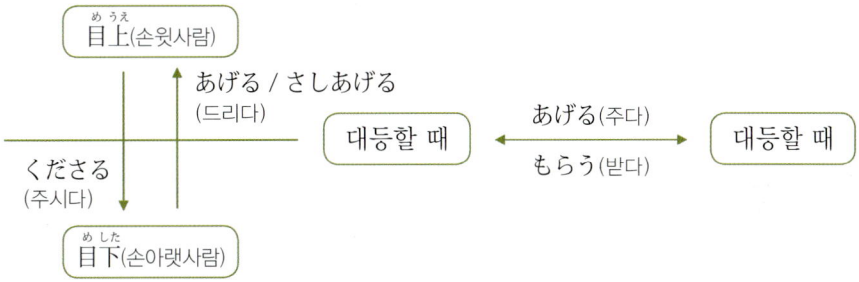

① 두 사람이 서로 대등한 관계일 때는 「주다=あげる」, 「받다=もらう」를 사용하고, 상하 관계가 되면 「주시다=くださる」, 「드리다=あげる / さしあげる」를 사용한다.
② 「さしあげる」는 「あげる」보다 더 공손한 말인데, 「くださる」와 함께 21과에서 공부하기로 한다.

(2) 나와 타인과의 관계

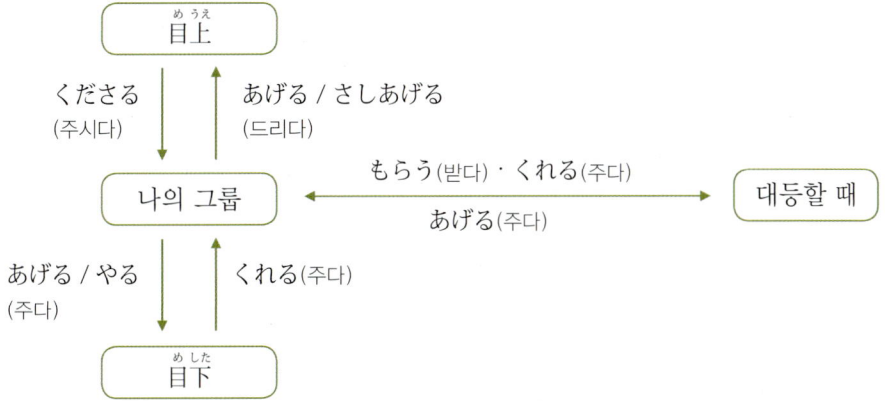

① '나의 그룹'이란 자신은 물론 자신의 부모·형제·친족까지도 포함된다.
② 「やる」는 동등한 사이나 손아랫사람에게 '주다'라는 뜻으로 사용되어 왔다. 요즘은 상대가 동물·식물이거나 아주 허물없는 사이가 아니면 「やる」 대신 「あげる」를 사용하는 경우가 많다.

심화학습 2 「あげる」, 「くれる」, 「もらう」의 정리

(1) 「あげる」와 「くれる」는 우리말로는 똑같이 '주다'라고 해석되어 자칫 혼동하기 쉬우므로, 정확히 뜻을 이해하여 올바로 사용할 수 있도록 해야겠다. 받는 쪽이 나(또는 나의 그룹)일 경우에는 「くれる」를 사용하고, 받는 쪽이 나 이외의 다른 사람일 경우에는 「あげる」를 사용한다.

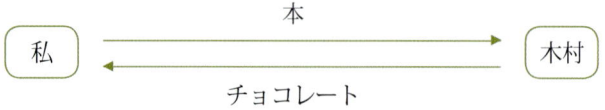

① 私は 木村さんに 本を あげました。 나는 기무라 씨에게 책을 주었습니다.

② 木村さんは 私に チョコレートを くれました。
기무라 씨는 나에게 초콜릿을 주었습니다.

(2) 「くれる」와 「もらう」는 주는 쪽에서 받는 쪽으로 물건이 이동된다는 점에서 같다. 그러나 같은 내용을 말할지라도 「くれる」가 사용된 문장과 「もらう」가 사용된 문장은 그 뉘앙스와 문장 형식이 달라진다.

田中 ——映画の チケット—→ 私

① 田中さんが 私に 映画の チケットを くれました。
다나카 씨가 나에게 영화 티켓을 주었습니다.

② 私は 田中さんに 映画の チケットを もらいました。
나는 다나카 씨에게 영화 티켓을 받았습니다.

「くれる」는 물건을 주는 쪽에 시점을 두고 말할 때, 「もらう」는 받는 쪽에 시점을 두고 말할 때 사용한다.

3 「〜て あげる」, 「〜て くれる」, 「〜て もらう」의 정리

(1) 「〜て あげる」는 누군가가 나 이외의 사람에게 어떤 행위를 해 줄 경우에 사용하고, 「〜て くれる」는 나 이외의 사람이 나(또는 나의 그룹)에게 어떤 행위를 해 줄 경우에 사용한다.

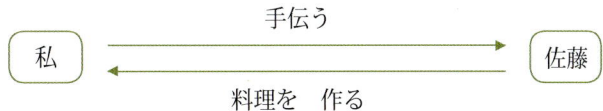

① 私は 佐藤さんを 手伝って あげました。 나는 사토 씨를 도와 주었습니다.

② 佐藤さんは 私に 料理を 作って くれました。
사토 씨는 나에게 요리를 만들어 주었습니다.

(2) 「〜て くれる」와 「〜て もらう」는 어떤 이익을 받는 경우에 사용된다. 「〜て くれる」는 이익을 주는 쪽에 시점이 있고 「〜て もらう」는 이익을 받는 쪽에 시점이 있다.

① 高橋さんは 私に 時計を 買って くれました。
다카하시 씨는 나에게 시계를 사 주었습니다.

② 私は 高橋さんに 時計を 買って もらいました。
나는 다카하시 씨에게 시계를 사 받았습니다. (= 다카하시 씨는 나에게 시계를 사 주었습니다.)

「〜が 〜に 〜て くれる」는 '나 이외의 사람이 나(또는 나의 그룹)에게 〜해 주다'라는 뜻이다.

Check! 실력체크문제

1 「あげる」, 「もらう」, 「くれる」를 사용하여 문장을 완성해 보자.

① キム → チョコレート → 私

キムさんは 私に チョコレートを _____ ました。

私は キムさんに チョコレートを _____ ました。

② 佐藤 → プレゼント → イー

佐藤さんは イーさんに 誕生日の プレゼントを _____ ました。

イーさんは 佐藤さんに 誕生日の プレゼントを _____ ました。

③ 姉 → スカーフ → 私

A　その スカーフ、買ったんですか。

B　いいえ、姉が _____ んです。

B'　いいえ、姉に _____ んです。

④ 鈴木 → セーター → 私の姉

鈴木さんは 私の 妹に セーターを _____ ました。

私の 妹は 鈴木さんに セーターを _____ ました。

2 「～て あげる」,「～て もらう」,「～て くれる」를 사용하여 문장을 완성해 보자.

① ＜送る＞
　木村さんは　パクさんを　家まで　_____ました。
　パクさんは　木村さんに　家まで　_____ました。

② ＜洗う＞
　時々　主人が　お皿を　_____ます。
　時々　主人に　お皿を　_____ます。

③ ＜買う＞
　田中先生が　息子に　アイスクリームを　_____ました。
　息子は　田中先生に　アイスクリームを　_____ました。

④ ＜買う＞
　母の　誕生日に　ブローチを　_____ました。

Check! 실력체크문제

3 짧은 글짓기

① 高橋 씨에게 すきやき 만드는 법을 가르쳐 받았습니다.

▶ _____

② 김미라 씨가 스웨터를 사 주었습니다.

▶ _____

③ 친구가 누이동생에게 준 책은 일본어 책이었다.

▶ _____

해답

1 ① くれ, もらい ② あげ, もらい ③ くれた, もらった ④ くれ, もらい
2 ① 送って あげ, 送って もらい ② 洗って くれ, 洗って もらい ③ 買って くれ, 買って もらい ④ 買って あげ
3 ① 高橋さんに すきやきの 作り方を 教えて もらいました。② キムミラさんが セーターを 買って くれました。③ 友達が 妹に くれた 本は 日本語の 本だった。

Lesson 19

気を つけて いたのに すべって しまったんです。

조심하고 있었는데도 미끄러지고 말았습니다.

핵심문장

01 気を つけて いたのに、すべって しまったんです。

02 忘れて しまったんでしょうか。

01 조심하고 있었는데도, 미끄러지고 말았습니다.
02 잊어버린 걸까요?

1

佐藤　イーさん、どうしたんですか。

イー　いいえ、何でも ありません。ちょっと 転んで しまったんです。

佐藤　けがは ありませんか。

イー　ええ、大丈夫です。

佐藤　道が 凍って いるので、注意しないと 危ないですよ。

イー　気を つけて いたのに、すべって しまったんです。

佐藤　ハンさんは まだですか。

イー　ええ、ここで 30分も 待って いたのに、まだ 来ないんです。

佐藤　そうですか。忘れて しまったんでしょうか。

イー　家には いないようですよ。電話して みたんですが、だれも 出ないんです。

佐藤　そうですか。それじゃ、もう 行きましょうか。

사토	이 씨, 왜 그러세요?
이	아니요, 아무 것도 아니에요. 좀 넘어졌어요.
사토	상처는 없어요(다치지 않았어요)?
이	네, 괜찮아요.
사토	길이 얼어 있기 때문에, 주의하지 않으면 위험해요.
이	조심하고 있었는데도 미끄러지고 말았어요.
사토	한 씨는 아직인가요?
이	네, 여기서 30분이나 기다렸는데도, 아직 안 오네요.
사토	그래요? 잊어버린 걸까요?
이	집에는 없는 것 같아요. 전화해 봤지만 아무도 안 받네요.
사토	그래요? 그럼 이제 갈까요?

새로운 단어

どうしたんですか 어떻게 된 겁니까?, 왜 그러세요?

なん(何)でも ありません 아무 것도 아닙니다

ころ(転)んで しまったんです 넘어져 버렸습니다 ▶転ぶ(넘어지다) 1그룹 + て しまう(~해 버리다) + ました(~었습니다)

けが 상처

こお(凍)って いる 얼어 있다, 얼었다
▶凍る(얼다) 1그룹 + て いる(~해 있다)

ちゅうい(注意)しないと 주의하지 않으면
▶注意する(주의하다) 3그룹 + ない(~지 않는다) + と(~면)

き(気) 마음, 주의

き(気)を つける 정신차리다, 주의하다, 조심하다

~のに ~는데도

~て しまう ~해 버리다, ~하고 말다

2

佐藤　お母さん、こちら、韓国の　イーさん。

イー　　はじめまして。イーと　申します。

　　　　よろしく　お願いします。

母　　　イーさんの　お話は　いつも　健一から　聞いて　います。

　　　　今日は　ゆっくり　遊んで　いって　くださいね。

イー　　今日は、ごちそうさまでした。

母　　　あ、また　遊びに　来て　くださいね。

佐藤　　それじゃ、お母さん、行って　きます。

母　　　行ってらっしゃい。

사토	어머니, 이쪽은 한국에서 온 이 씨에요.
이	처음 뵙겠습니다. 이라고 합니다. 잘 부탁드립니다.
어머니	이 씨에 대한 이야기는 언제나 겐이치에게서 듣고 있어요. 오늘은 천천히 놀다 가세요.
이	오늘, 잘 먹었습니다.
어머니	아, 또 놀러 오세요.
사토	그럼, 어머니 다녀오겠습니다.
어머니	다녀와라.

새로운 단어

おかあ(母)さん 어머니
もう(申)す 말씀드리다, 여쭙다 ▶「言う(말하다)」의 겸양어
よろしく おねが(願)いします 잘 부탁드립니다 ▶처음 만났을 때 사용하는 관용적인 인사말이며, 실제로 남에게 무엇인가를 부탁할 때에도 사용한다. 또한 「どうぞ よろしく」보다 정중한 표현이다. 앞에 「どうぞ」를 붙여 「どうぞ よろしく お願いします」라고 하면 더욱 정중한 표현이 된다.

ゆっくり 천천히, 푹
ごちそうさまでした 잘 먹었습니다
い(行)って きます 다녀오겠습니다
い(行)ってらっしゃい 다녀오세요, 다녀와라
 ▶「行って いらっしゃい」의 줄임말

1-1 「〜てしまう」의 표현

> A どうしたんですか。 왜 그러세요?
> B ちょっと 転んで しまったんです。
> 좀 넘어지고 말았습니다.

「〜て しまう」는 두 가지의 의미를 가지고 있으며 우리말로는 '〜해 버리다, 〜하고 말다'라고 해석된다. 「〜て しまう」는 아래의 예문 ①, ②와 같이 유감임을 나타내기도 하고, ③, ④와 같이 어떤 행동이 전부 끝남, 즉 완료를 나타내기도 한다.

① 気を つけて いたのに すべって しまいました。
   조심하고 있었는데도 미끄러지고 말았습니다.

② 覚えて いたのに、忘れて しまいました。 외우고 있었는데도, 잊어버렸습니다.

③ おなかが すいて いたので、全部 食べて しまいました。
   배가 고팠기 때문에 전부 먹어 버렸습니다.

④ 1万円ぐらい あったんですが、使って しまいました。
   만 엔 정도 있었지만 써 버렸습니다.

1-2 「のに」의 용법

> 30分も 待って いた**のに** まだ 来ないんです。
> 30분이나 기다렸는데도 아직 안 왔습니다.

「のに」는 우리말로는 '~는데도'라고 하며, 서로 상반되는 내용을 가진 앞 뒤 문장을 의외·불만·실망 등의 느낌으로 연결하는 기능을 가지고 있다. 접속 방법은 다음과 같다.

명사	ナ형용사	イ형용사	동사
病気なのに	上手なのに	若いのに	食べたのに

① さっき 昼ご飯を 食べた**のに** もう おなかが すきました。
　아까 점심을 먹었는데도 벌써 배가 고픕니다.

② 若い**のに** 力が ありませんね。 젊은데도 힘이 없군요.

③ 彼は 歌が 上手**なのに** 人前では あまり 歌いません。
　그는 노래를 잘하는데도 남 앞에서는 별로 노래하지 않습니다.

④ 病気**なのに** 学校へ 行きました。 아픈데도 학교에 갔습니다.

1 상대방에게 동의를 구하는 「～ね」 표현

> ゆっくり 遊んで いって くださいね。 천천히 놀다 가세요.

「ね」는 가볍게 감탄하거나 확인할 때 사용한다고 배웠는데(입문편 5과, 10과), 여기서 공부할 「ね」는 상대방에게 동의를 구하는 느낌을 나타내는 경우에 사용한다.

① また 遊びに 来て くださいね。 또 놀러 오세요.
② 遅刻して しまって ごめんなさいね。 지각해서 미안해요.

Check! 실력체크문제 ←243

1 문맥에 알맞은 것을 골라 보자.

① よく わからない [ので / のに] 先生に 聞きました。

② もう 夜な [ので / のに] まだ 帰って きませんね。

③ 毎日 薬を 飲んで いる [ので / のに] 少しも よく なりません。

④ 明日 試験が ある [ので / のに] 勉強して います。

⑤ おいしい [ので / のに] どうして 食べないんですか。

⑥ あの 人は いつも 元気な [ので / のに] 今日は 元気が ありませんね。

2 「～て しまう」를 사용하여 문장을 완성해 보자.

① 学生の 名前を 全部 ＿＿＿＿＿＿＿＿＿ました。
　　　　　　　　　　　　（覚える）

② 無理を して ＿＿＿＿＿＿＿＿＿ました。
　　　　　　　（病気に なる）

Check! 실력체크문제

③ _____て、旅行に 行けませんでした。
　　　（風邪を　ひく）

④ とても　おもしろくて　ご飯も　食べないで _____ました。
　　　　　　　　　　　　　　　　　　　　　　　　　　　（読む）

3 짧은 글짓기

① 1년이나 일본어를 공부했는데도 좀처럼 능숙해지지 않습니다.
▸ _____

② 목이 말라서 주스 한 병을 다 마셔 버렸습니다.
▸ _____

③ 수업이 시작된 지 10분이 지났는데도 아직 아무도 오지 않았다.
▸ _____

해답

1　①ので　②のに　③のに　④ので　⑤のに　⑥のに
2　①覚えて　しまい　②病気に　なって　しまい　③風邪を　ひいて　しまっ　④読んで　しまい
3　① 1年も　日本語を　勉強して　いるのに　なかなか　上手に　なりません。② のどが　かわいたので　ジュースを　1本　全部　飲んで　しまいました。＊「かわいたので」대신에 「かわいて」라고 해도 된다. ③ 授業が　始まってから　10分が　過ぎたのに　まだ　だれも　来て　いない。

Lesson 20

今週も 忙しく なりそうです。
이번 주도 바빠질 것 같습니다.

핵심문장

01 今週も 忙しく なりそうです。
02 忘年会に 出られそうに ありません。
03 お伝えください。

01 이번 주도 바빠질 것 같습니다.
02 망년회에 나갈 수 있을 것 같지 않습니다.
03 전해 주십시오.

Tok! Tok! 회화

1 CD48

佐藤の母　　佐藤で ございます。

木村　　　　もしもし、夜 遅く すみませんが、建一くんを お願いします。

佐藤の母　　失礼ですが、どちらさまですか。

木村　　　　あ、木村と 申します。

佐藤の母　　木村さんですね。少々 お待ちください。

사토의 어머니	사토입니다.
기무라	여보세요. 밤 늦게 죄송합니다만, 겐이치 군을 부탁합니다.
사토의 어머니	실례지만, 누구시죠?
기무라	아, 기무라라고 합니다.
사토의 어머니	기무라 씨요. 잠시 기다려 주세요.

새로운 단어

~で ございます ~입니다 ▶「~です」보다 정중한 표현

どちらさま 어느 분, 누구

しょうしょう(少々) 잠시 ▶「々」는 같은 한자가 반복될 경우에 사용한다.

おま(待)ちください 기다려 주십시오

2

木村　佐藤くん、木村です。実は 26日の 忘年会、出られそうに ないんです。

佐藤　急用でも できたんですか。

木村　急用は ないんですが、年末なので、今週も 忙しく なりそうなんです。

佐藤　そうですか。出られないんですか。残念ですね。

木村　ぼくも そうです。楽しみに して いたのに。

기무라	사토 씨, 기무라입니다. 실은 26일날 망년회, 못 나갈 것 같아요.
사토	급한 일이라도 생겼나요?
기무라	급한 일은 없는데요, 연말이라서 이번 주도 바빠질 것 같네요.
사토	그래요? 나올 수 없나요? 유감이네요.
기무라	저도 그래요(동감이에요). 기대하고 있었는데.

새로운 단어

ぼうねんかい(忘年会) 망년회
〜そうに ないんです 〜할 것 같지 않습니다
きゅうよう(急用) 급한 일
きゅうよう(急用)が できる 급한 일이 생기다 ▶여기서「できる」는 '(일 등이) 생기다, 발생하다'라는 뜻으로 사용되었다.

〜そうです 〜할 것 같습니다
ねんまつ(年末) 연말

3

佐藤　あ、木村さん、この前、お見合いを　したそうですね。

どうですか。うまく　いきそうですか。

木村　さあ、好きな　タイプですけど、しばらくは　結婚できそうも

ありませんよ。

佐藤　どうしてですか。

木村　毎日　忙しくて、デートする　時間も　ないんですよ。

ところで、佐藤くんの　論文は　進んで　いますか。

佐藤　ええ、何とか　締め切りまでには　間に合いそうです。

木村　がんばって　ください。それじゃ、みなさんに　よろしく　お伝え

ください。おやすみなさい。

佐藤　はい。おやすみなさい。

사토	아, 기무라 씨. 요전에 선을 보았다면서요.
	어때요? 잘 될 것 같아요?
기무라	글쎄요, 좋아하는 타입이지만 당분간은 결혼할 수 있을 것 같지도 않아요.
사토	왜요?
기무라	매일 바빠서, 데이트할 시간도 없거든요.
	그런데 사토 군의 논문은 잘 진행되고 있나요?
사토	네, 그럭저럭 마감까지는 마칠 수 있을 것 같아요.
기무라	열심히 하세요. 그럼 모두한테 안부 전해 주세요. 안녕히 주무세요.
사토	네. 안녕히 주무세요.

새로운 단어

おみあ(見合)い 맞선
おみあ(見合)いを する 선을 보다
うまい 좋다, 그럴싸하다
うまく いく 잘 되다, 잘 되어 가다
しばらくは 당분간은
デート(date)する 데이트하다 3그룹
ろんぶん(論文) 논문
すす(進)む 진행되다, 진척되다 1그룹
なん(何)とか 어떻게 해서라도, 그럭저럭

し(締)め(切)きり 마감, 마감 날짜(시간)
ま(間)にあ(合)う 시간에 대다, 시간에 맞추다 1그룹
よろしく おつた(伝)えください 안부 전해 주세요
おやす(休)みなさい 안녕히 주무세요
▶밤 늦게 헤어질 때는 '안녕히 가세요', '안녕히 계세요'라는 의미로도 사용된다.

Kok! Kok! 문법

꼭꼭문법 1-1 「お + 동사의 ます형 + ください」로 나타내는 정중한 표현

> 少々 お待ちください。 잠시 기다려 주세요.

「お + 동사의 ます형 + ください」는 '~해 주십시오, ~하십시오'라는 뜻으로 「~て ください」보다 정중한 표현이다. 「お ~て ください」는 틀린 표현이므로, 혼동하지 않도록 주의하자.

보기
- 書いて ください (○)
- お書きください (○)
- お書いて ください (×)

① こちらに お名前と お所を お書きください。 여기에 성함과 주소를 써 주십시오.
② 一日 3回 食後に お飲みください。 하루에 세 번 식후에 드십시오.
③ 電話は これを お使いください。 전화는 이것을 사용하십시오.
④ A どうぞ、お乗りください。 어서 타십시오.
　 B いいえ、けっこうです。私は 電車の ほうが 便利です。
　　아니요, 됐습니다. 저는 전철 쪽이 편합니다.

꼭꼭문법 2-1 「동사의 ます형 + そうです」 표현

> 忙しく なりそうです。 바빠질 것 같습니다.

우리는 이미 4과에서 イ형용사와 ナ형용사의 어간에 「そうです」가 붙어 눈 앞에 보이는 것에 대한 느낌을 말하는 방법을 공부했다. 여기서는 동사의 ます형에 「そうです」가 연결되어 '~할 것 같습니다, ~할 것 같아 보입니다'라는 뜻을 나타내는 경우에 대해 알아보도록 하겠다.

① 雨が 降りそうですから 傘を 持って いって ください。
　 비가 올 것 같으니까 우산을 가지고 가세요.

② A 間に合うでしょうか。 제 시간에 댈 수 있을까요?

B ええ、タクシーで 行けば 間に合いそうです。
　　네, 택시로 가면 제 시간에 댈 수 있을 것 같습니다.

③ 会議は もう すぐ 終わりそうです。 회의는 이제 곧 끝날 것 같습니다.

④ 今日は ちょっと 無理ですが、明日なら 行けそうです。
　　오늘은 좀 무리입니다만, 내일이라면 갈 수 있을 것 같습니다.

여기서 다룬「そうです」(様態(양태))와 13과에서 공부한「そうです」를 혼동하지 않도록 주의해야 한다. 13과에서 배운「そうです」는 전해들은 정보를 다른 사람에게 알려줄 때(伝聞(전문)) 사용하는 것이며 접속 방법도 다르다.

	명사	ナ형용사	イ형용사	동사
양태(様態) ~해 보입니다, ~한 것 같습니다	×	幸せそうです	おいしそうです	降りそうです
전문(伝聞) ~이랍니다, ~한답니다	学生だそうです	幸せだそうです	おいしいそうです	降るそうです

3-1 「동사의 ます형 + そうです」의 부정 표현

> しばらくは 結婚できそうも ありません。
> 당분간은 결혼할 수 있을 것 같지도 않습니다.

앞에서 공부한「동사의 ます형 + そうです」의 부정 표현은 형용사의 경우와는 달리「동사의 ます형 + そうに ありません」또는「동사의 ます형 + そうも ありません」이다.「~そうに ありません」,「~そうも ありません」은 '~할 것 같지 않습니다'라는 뜻이다.

「イ형용사・ナ형용사의 어간 + そうです」의 부정 표현을 복습해 보면 다음과 같다.

・イ형용사　　おいしそうです。　→　おいしく なさそうです。
　　　　　　　맛있어 보입니다.　　　　맛이 없어 보입니다.

- ナ形용사　　　新鮮そうです。→ 新鮮じゃ なさそうです。
　　　　　　　신선해 보입니다.　　신선해 보이지 않습니다.

① 今から 行っても 間に合いそうも ありません。
지금부터 가도 시간에 댈 수 있을 것 같지 않습니다.

② この 仕事は すぐ 終わりそうも ありません。이 일은 금방 끝날 것 같지 않습니다.

③ A 忘年会に 出ますか。망년회에 나갑니까?
　B 私、ちょっと 出られそうも ないんです。저, 좀 못 나갈 것 같습니다.

④ 今晩は 暑くて 眠れそうも ありません。오늘 밤은 더워서 못 잘 것 같습니다.

3-2 「までに」의 용법

何とか 締め切りまでには 間に合いそうです。
그럭저럭 마감까지는 마칠 수 있을 것 같습니다.

「までに」는 우리말로는 '까지'라고 해석되나, 「まで(까지)」와는 다음과 같은 의미상의 차이가 있다.

ⓐ 8時まで 会社に います。8시까지 회사에 있습니다.
ⓑ 8時までに 会社に 電話して ください。8시까지 회사에 전화해 주세요.

ⓐ는 8시까지 계속 회사에 있다는 뜻이고, ⓑ는 8시까지, 즉 8시 이전이라면 언제든지 괜찮으니까 전화해 달라는 뜻이다. 즉, 「まで」는 정해진 시간까지 어떤 행위가 계속됨을 나타내고, 「までに」는 정해진 시간을 기준으로 그 시간 이전에 어떤 행위가 완료함을 나타낸다.

① レポートは 今週の 金曜日までに 出せば いいんです。
리포트는 이번 주 금요일까지 내면 됩니다.

② A この 本は いつごろ 返せば いいでしょうか。이 책은 언제쯤 돌려주면 될까요?
　B 今月の 末までには 返して ください。이번 달 말까지는 돌려주세요.

③ 明日の 午前 12時までに 届けて ください。내일 오전 12시까지 배달해 주세요.

1 「のに」의 용법

> 楽しみに して いたのに。 기대하고 있었는데.

「のに」가 문장 끝에 사용되면 의외의 결과에 대한 유감 · 불만 · 원망 등을 나타낸다.

① ほしいと 言えば 買って あげたのに。 갖고 싶다고 했으면 사줬을 텐데.

② 行けば よかったのに。 갔으면 좋았을 텐데.

③ 食べないんですか。せっかく 作ったのに。 안 먹을 겁니까? 모처럼 만들었는데.

Check! 실력체크문제

1 보기와 같이 「～そうです」를 사용하여 문장을 완성해 보자.

> 보기 雨が 降りそうですね。
>   (降る)

① A 間に合うでしょうか。

　 B ええ。急げば ＿＿＿＿＿＿＿＿＿＿＿。
　　　　　　　　　　 (間に合う)

② A 木村さんも 明日 ディズニー・ランドへ 行くんですか。

　 B 行きたいんですが、忙しくて ＿＿＿＿＿＿＿＿＿＿＿。
　　　　　　　　　　　　　　　　　　 (行ける)

③ A 試験は どうでしたか。

　 B 難しくて 今度も ＿＿＿＿＿＿＿＿＿＿＿よ。
　　　　　　　　　　　 (受かる)

④ A 今度 給料を もらったら 冷蔵庫を 買う つもりです。

　 B そうですか。これ、まだ ＿＿＿＿＿＿＿＿＿＿＿ですけど。
　　　　　　　　　　　　　　　 (使える)

2 그림을 보고 밑줄에 알맞은 문장을 써 넣어 보자.

①

▸ どうぞ _____

②

▸ どうぞ _____

③

▸ どうぞ _____

④

▸ どうぞ _____

Check! 실력체크문제

3 짧은 글짓기

① 오늘 퇴원하니까 내일은 회사에 갈 수 있을 것 같습니다.
▶ _____

② 이달 말까지는 따뜻해질 것 같지도 않습니다.
▶ _____

③ 일본에서의 생활에 대해 말씀해 주십시오.
▶ _____

해답

1 ① 間に合いそうです ② 行けそうに ありません, 또는 行けそうも ありません ③ 受かりそうに ありません, 또는 受かりそうも ありません ④ 使えそう
2 ① お飲みください ② お入りください ③ お乗りください ④ お持ちください
3 ① 今日 退院するから 明日は 会社に 行けそうです。② 今月の 末までは 暖かく なりそうも (なりそうに) ありません。③ 日本での 生活に ついて お話しください。

Lesson 21

古(ふる)い 家具(かぐ)を さしあげます。
헌 가구를 드리겠습니다.

핵심문장

01 くださる / いただく / さしあげる

02 教(おし)えて くださる / 売(う)って いただく

03 売って いただけませんか。

01 주시다 / (손윗사람에게서) 받다 / (손윗사람에게) 드리다
02 가르쳐 주시다 / (손윗사람이 나에게) 팔다
03 파실 수 있겠습니까?

260 → Tok! Tok! 회화

1

パソコンを 安(やす)く 売(う)ります。

古(ふる)い 家具(かぐ)(ベッド、机(つくえ)と 椅子(いす)、洋服(ようふく)だんす)を さしあげます。

TEL. 03-3451-1202、高橋(たかはし)

컴퓨터를 싸게 팝니다.
헌 가구(침대, 책상과 의자, 옷장)를 드리겠습니다.
TEL. 03-3451-1202, 다카하시

새로운 단어

- う(売)る 팔다 1그룹
- ふる(古)い 오래되다, 낡다
- かぐ(家具) 가구
- さしあげる 드리다 2그룹

2

ハン　　もしもし、高橋さんの　お宅ですか。

高橋　　はい、そうです。

ハン　　私、ハンと　申します。学校の　掲示板で　見たんですが、

　　　　パソコンは　どこの　会社のですか。

高橋　　IBMの、去年の　モデルなんですが。

ハン　　いくらぐらいで　売って　いただけるんですか。

高橋　　5万円ぐらいは　いただきたいんですが。

ハン　　5万円ですか。それ、私に　売って　いただけませんか。

高橋　　ええ。いいですよ。それじゃ、明日の　午後、取りに　来て　ください

　　　　ませんか。

ハン　　わかりました。住所を　教えて　ください。

한	여보세요. 다카하시 씨 댁인가요?
다카하시	네, 그렇습니다.
한	저, 한이라고 합니다. 학교 게시판에서 봤는데, 컴퓨터는 어느 회사의 것인가요?
다카하시	IBM의 작년도 모델인데요.
한	얼마 정도에 파실 수 있나요?
다카하시	5만 엔 정도는 받고 싶은데요.
한	5만 엔이요? 그거, 저에게 파실 수 있나요?
다카하시	네, 좋아요. 그러면, 내일 오후에 가지러 와 주시겠어요?
한	알겠어요. 주소를 가르쳐 주세요.

새로운 단어

けいじばん(掲示板) 게시판
きょねん(去年) 작년
モデル(model) 모델
いただく 받다 1그룹 ▶ ①「もらう」의 겸양어
 ②「食べる(먹다)」, 「飲む(마시다)」의 겸양어로도 사용됨.(입문편 17과)
～て いただけるんですか ～해 주실 수 있습니까? ▶て(～해) + いただける(받을 수 있다) + ん + ですか(～습니까?)
～て いただけませんか ～해 주실 수 있겠습니까? ▶て(～해) + いただける(받을 수 있다) + ませんか(～지 않겠습니까?)
と(取)る 가지다, 받다 1그룹

3

ハン　失礼します。

高橋　どうぞ、こちらへ。

　　　この　辺は　はじめてですか。

ハン　はい。でも、道を　詳しく　教えて　くださったので、迷いません

　　　でした。

高橋　そうですか。パソコンは　これです。

ハン　まだ　新しいですね。

　　　それから、できれば　古い　家具も　いただきたいんですが。

高橋　ええ、どうぞ。

한	실례합니다.
다카하시	자, 이쪽으로 (오세요).
	이 근처는 처음인가요?
한	네. 하지만, 길을 자세히 가르쳐 주셔서 헤매지 않았어요.
다카하시	그래요? 컴퓨터는 이거에요.
한	아직 새 것이네요.
	그리고 가능하다면 헌 가구도 받고 싶은데요.
다카하시	네, 그러세요.

새로운 단어

どうぞ こちらへ 이쪽으로 오세요 ▶뒤에 동사가 생략된 형태로 사용되는데, 경우에 따라서는 '이쪽에 앉으세요'라는 의미도 된다.

この へん(辺) 이 근처, 이 근방
くわ(詳)しい 자세하다, 상세하다
まよ(迷)う 헤매다 1그룹

266 → Kok! Kok! 문법

꼭꼭 1-1 「さしあげる」의 용법

> 古い 家具を さしあげます。 헌 가구를 드리겠습니다.

「さしあげる」는 '드리다'라는 뜻으로 손윗사람에게 사용하는 말이다. 그러나 이 말은 「あげる」와 마찬가지로 그 자리에 없는 사람에게는 사용할 수 있어도, 눈 앞에 있는 상대방에게 직접 사용하면 실례가 된다.(18과 참고)

① 私は 田中先生に おみやげを さしあげました。
　　나는 다나카 선생님에게 선물을 드렸습니다.
② お礼に 何を さしあげれば いいでしょうか。
　　감사의 선물로 무엇을 드리면 좋을까요?

꼭꼭 1-2 「～て さしあげる」의 용법

> おばあさんに 道を 案内して さしあげました。
> 할머니께 길을 안내해 드렸습니다.

「～て さしあげる」는 '~해 드리다'라는 뜻으로 손윗사람에게 사용하는 말이다. 그러나 이 말도 「～て あげる」와 마찬가지로 눈 앞에 있는 상대방에게 직접 사용하면 안 된다.(18과 참고)

① 鈴木社長に 韓国の お酒を 送って さしあげました。
　　스즈키 사장님께 한국 술을 보내 드렸습니다.

꼭꼭 2-1 「〜て いただく」의 용법

> **いくらぐらいで 売って いただけるんですか。**
> 얼마 정도에 파실 수 있습니까?

「〜て いただく」는 직역하면 손윗사람으로부터 '〜해 받다'이지만, 우리말에는 이런 표현이 없으므로 의역해서 '(손윗사람이) 〜해 주시다'라고 해야 한다.

① 私は 先生に 本を 貸して いただきました。
  저는 선생님께 책을 빌려 받았습니다. (= 선생님께서 제게 책을 빌려 주셨습니다.)

② パクさんに 手伝って いただきました。
  박 씨께 도와 받았습니다. (= 박 씨께서 도와 주셨습니다.)

③ すみません。ちょっと 両替して いただきたいんですが。
  죄송합니다. 돈을 좀 바꿔 받고 싶은데요. (= 돈을 좀 바꿔 주셨으면 하는데요.)

④ 今度は イーさんに 一曲 歌って いただきたいと 思います。
  이번에는 이 씨에게 한 곡 불러 받고 싶다고 생각합니다. (= 이 씨가 한 곡 불러 주셨으면 합니다.)

꼭꼭 2-2 「〜て いただけませんか」의 용법

> **売って いただけませんか。** 파실 수 있겠습니까?

「〜て いただけませんか」는 직역하면 '〜해 받을 수 없겠습니까?'이지만 의역해서 '〜해 주실 수 있겠습니까?'라고 하는 게 좋다. 이 말은 부탁이나 의뢰를 나타내는 「〜て ください(〜해 주세요)」나 「〜て くださいませんか(〜해 주시지 않겠습니까?)」보다 정중한 표현이다.

① これを 田中さんに 渡して いただけませんか。
  이것을 다나카 씨에게 건네 주실 수 있겠습니까?

② 秘密に して いただけませんか。 비밀로 해 주실 수 있겠습니까?

③ もう 少し 大きく して いただけませんか。 좀 더 크게 해 주실 수 있겠습니까?

④ この ビデオカメラの 使い方を 教えて いただけませんか。
  이 비디오 카메라의 사용법을 가르쳐 주실 수 있겠습니까?

Kok! Kok! 문법

3-1 「〜て くださる」의 용법

> 道を 詳しく 教えて くださった。 길을 자세히 가르쳐 주셨다.

「〜て くださる」는 손윗사람이 나(또는 나의 가족이나 나와 가까운 사람)에게 '〜해 주시다'라는 뜻이다.

① 木村さんは 私を 家まで 送って くださいました。
기무라 씨는 저를 집까지 바래다 주셨습니다.

② 田中先生が 日本の 歌を 教えて くださいました。
다나카 선생님이 일본 노래를 가르쳐 주셨습니다.

③ わざわざ 来て くださって、ありがとうございます。 일부러 와 주셔서 감사합니다.

3-2 「くださる」의 용법

> 鈴木さんが お年玉を くださいました。
> 스즈키 씨가 세뱃돈을 주셨습니다.

「くださる」는 손윗사람이 나(또는 나와 가까운 사람)에게 무엇인가를 '주시다'라는 뜻이다. 1그룹 동사이며 「くれる(주다)」의 존경어이다. 「くださる」는 1그룹 동사이지만, ます형은 「くださります」가 아니라 「くださいます」이다.

① A これは ハンさんの 着物ですか。 이것은 한 씨의 기모노입니까?
  B ええ、佐藤さんの お母さんが くださったんです。
  네, 사토 씨의 어머님이 주셨습니다.

꼭꼭문법 3-3 「いただく」의 용법

> 家具(かぐ)は 私(わたし)が いただきたいんですが。 가구는 제가 받고 싶습니다만.

「いただく」는 「もらう(받다)」의 겸양어로서 손윗사람으로부터 무엇인가를 '받다'라는 뜻이다. 우리말로는 「もらう」와 「いただく」 모두 '받다'로 해석되지만 「いただく」는 윗사람에게서 받는 행위를 겸손하게 표현하는 말이다.

① 高橋(たかはし)さんに 誕生日(たんじょうび)の プレゼントを いただきました。
다카하시 씨한테서 생일 선물을 받았습니다.

① キムさんから お手紙(てがみ)を いただきました。 김 씨에게서 편지를 받았습니다.

Kok! Kok! 심화학습

 1   수수(授受)동사의 정리

あげる 주다	さしあげる (あげる의 낮춤말) (손윗사람에게) 드리다	～て あげる ～해 주다	～て さしあげる (손윗사람에게) ～해 드리다
もらう 받다	いただく (もらう의 낮춤말) (손윗사람에게서) 받다	～て もらう ～에게 ～해 받다 (= ～가 ～해 주다)	～て いただく (손윗사람에게서) ～해 받다 (=(손윗사람이) ～해 주시다)
くれる 주다	くださる (くれる의 높임말) (손윗사람이) 주시다	～て くれる ～해 주다	～て くださる (손윗사람이) ～해 주시다

Check! 실력체크문제 ←271

1 「さしあげる」, 「いただく」, 「くださる」를 사용하여 문장을 완성해 보자.

① 田中先生が 日本の 歌を 教えて _____ ました。
　田中先生に 日本の 歌を 教えて _____ ました。

② 鈴木さんに お年玉を _____ ました。
　鈴木さんが お年玉を _____ ました。

③ パクさんに 手伝って _____ て、本当に 助かりました。
　パクさんが 手伝って _____ て、本当に 助かりました。

④ 日本で お世話に なった 方に 何か 送って _____ たいんですが、何が いいでしょうか。

⑤ すみません。ちょっと 両替して _____ たいんですが。

⑥ 今度は イーさんに 一曲 歌って _____ たいと 思います。

2 그림을 보고 보기와 같이 말해 보자.

（教える）
▶ すみませんが、ちょっと 教えていただけませんか。

 　（撮る）

▶ _____

②  （手伝う）

▸ _____

③  （押す）

▸ _____

3 짧은 글짓기

① 田中 선생님이 저에게 재미있는 일본 노래를 가르쳐 주셨습니다.

▸ _____

② 鈴木 씨를 공항까지 모셔다 드렸습니다.

▸ _____

③ 高橋 씨에게 파티의 준비를 도와 받았습니다.

▸ _____

해답

1　① ください, いただき　② いただき, ください　③ いただい, くださっ　④ さしあげ　⑤ いただき　⑥ いただき

2　① すみませんが、ちょっと 撮って いただけませんか。② すみませんが、ちょっと 手伝って いただけませんか。③ すみませんが、ちょっと 押して いただけませんか。

3　① 田中先生が 私に おもしろい 日本の 歌を 教えて くださいました。② 鈴木さんを 空港まで 送って さしあげました。③ 高橋さんに パーティーの 準備を 手伝って いただきました。

Lesson 22

部長に 呼ばれて、部長室へ 行って きました。
부장님이 불러서 부장실에 갔다 왔습니다.

핵심문장

01 部長に 呼ばれる。
02 子供に 泣かれる。
03 日本語も 使われる。

01 부장님에게 불리다 / 부름받다.
02 아이가 울다.
03 일본어도 사용된다.

高橋　何か　あったんですか。顔色が　よく　ないですね。

木村　部長に　呼ばれて、部長室へ　行って　きたんです。

　　　今月の　営業の　成績が　悪くて、叱られました。

高橋　いろいろ　言われたんでしょうね。

木村　それだけじゃ　ありませんよ。

　　　今朝は　電車の　中で　すりに　財布を　すられたんですよ。

高橋　それは　たいへんでしたね。お金は、いくらぐらい　入って　いたんですか。

木村　お金は　少しだったんですが、カードが　6枚も　入って　いたんです。

高橋　カードを　使われたら、たいへんですね。

다카하시	무슨 일 있었어요? 안색이 좋지 않네요.
기무라	부장님이 불러서 부장실에 갔다 왔어요.
	이번 달 영업 실적이 나빠서 야단 맞았어요.
다카하시	여러 말 들었겠군요.
기무라	그것뿐이 아니에요.
	오늘 아침에는 전철 안에서 소매치기에게 지갑을 도난당했어요.
다카하시	그거 큰일이었겠네요. 돈은 얼마 정도 들어 있었는데요?
기무라	돈은 적었지만, 카드가 6장이나 들어 있었거든요.
다카하시	(소매치기가) 카드를 사용하면 큰일이네요.

새로운 단어

ぶちょう(部長) 부장, 부장님
よ(呼)ぶ 부르다 1그룹
よ(呼)ばれる 부름을 받다, 불려 가다 2그룹
▶「呼ぶ」의 수동형
ぶちょうしつ(部長室) 부장실
えいぎょう(営業) 영업
せいせき(成績) 성적

しか(叱)られる 꾸짖다, 나무라다 2그룹
▶「叱る」의 수동형
けさ(今朝) 오늘 아침
すり 소매치기
さいふ(財布) 지갑
する 소매치기 하다 1그룹

276 Tok! Tok! 회화

2 CD54

木村　高橋さんも　疲れている　顔じゃ　ありませんか。寝不足ですか。

高橋　ええ、ゆうべ　子供に　泣かれて、4時まで　寝られなくて……。

木村　それは　近所迷惑に　なるし、困りましたね。

기무라	다카하시 씨도 피곤한 얼굴이잖아요. 수면 부족인가요?
다카하시	네, 어젯밤에 아이가 울어서, 4시까지 잠을 못 자서…….
기무라	그건 이웃에도 폐가 되니, 곤란하겠군요.

새로운 단어

ねぶそく(寝不足) 수면 부족
な(泣)く 울다 1그룹
こども(子供)に な(泣)かれて 아이가 울어서
　▶「泣かれる」는「泣く」의 수동형
きんじょ(近所) 이웃, 이웃집

めいわく(迷惑) 폐, 괴로움
きんじょめいわく(近所迷惑) 이웃 사람에게
　폐가 됨, 또는 그런 행위
こま(困)る 곤란하다 1그룹

3

木村　　それより　高橋さん、今度の　休みは　どこか　行くんですか。

高橋　　ええ。家族で　ハワイ旅行に　行く　つもりなんですが、英語が　できないので　心配です。

木村　　大丈夫ですよ。ハワイでは　日本語も　使われて　いるんですよ。

高橋　　えっ、本当ですか。じゃ、買い物の　心配は　ないですね。

기무라　　　그것보다 다카하시 씨. 이번 휴가에는 어딘가 가나요?
다카하시　네. 가족과 하와이 여행을 갈 생각인데, 영어를 못해서 걱정이에요.
기무라　　　괜찮아요. 하와이에서는 일본어도 쓰이고 있거든요.
다카하시　네에? 정말요? 그럼 쇼핑 걱정은 없겠네요.

새로운 단어

ハワイ(Hawaii) 하와이

Kok! Kok! 문법

1-1 동사의 수동형 만들기

일본어의 「受身(うけみ)」란, 영어 문법으로 말하자면 '수동'에 해당한다. 이 수동 표현은 자기 스스로 어떤 행위를 하는 것을 나타내는 것이 아니라, 남으로부터 어떤 행위를 당한다는 것을 의미한다. 동사의 수동형이 나타내는 의미에 대해서는 문장을 통해 알아보기로 하고, 여기서는 수동형을 만드는 방법을 소개하기로 하겠다. 동사의 수동형은 모두 2그룹 동사와 같은 활용을 한다.

1그룹 동사(5단 동사) 기본형의 끝음을 ぁ단음으로 바꾸고 「れる」를 붙인다.	読(よ)む ▶ 読まれる 읽다　　　읽히다	(ま み む め も)
	呼(よ)ぶ ▶ 呼ばれる 부르다　　불리다	(ば び ぶ べ ぼ)
	叱(しか)る ▶ 叱られる 꾸짖다　　꾸중듣다	(ら り る れ ろ)
	思(おも)う ▶ 思われる 생각하다　생각되다	(わ い う え を)
	*끝음이 「う」인 경우에는 「~あれる」가 아니라 「~われる」가 된다.	
2그룹 동사(상1단 동사・하1단 동사) 「る」를 떼어내고 「られる」를 붙인다.	見(み)る 보다　　　▶ 見られる 보여지다 教(おし)える 가르치다 ▶ 教えられる 배우다 食(た)べる 먹다　　　▶ 食べられる 먹히다	
3그룹 동사(カ행 변격 동사・サ행 변격 동사)	来(く)る 오다　▶ 来(こ)られる (초대하지도 않았는데)오다 する 하다　　▶ される 되다, 당하다	

(1) 「来られる」는 이 자체만으로는 적당한 우리말로 옮길 수 없으므로 문장내에서 적절하게 의역해야 한다. 굳이 해석하자면, '(초대하지도 않았는데) 오다', '(초대하지 않은 사람에게) 찾아옴을 당하다((초대하지 않은 사람이) 찾아오다)'의 뜻이다.

(2) 2그룹 동사의 수동형은 가능형과 형태가 똑같아 혼동하기 쉬우므로, 문장 내에서 어떤 의미로 쓰였는지 판별할 수 있도록 해야한다.

ⓐ 妹に ケーキを 食べられました。
여동생에게 케이크를 먹혔습니다. (= 여동생이 케이크를 먹어 버렸습니다.)

ⓑ 今日は 日曜日なので、ゆっくり 朝ご飯が 食べられました。
오늘은 일요일이기 때문에, 여유있게 아침밥을 먹을 수 있었습니다.

위의 ⓐ, ⓑ의 예문에 똑같이「食べられる」가 사용되었지만 ⓐ는 수동의 의미, ⓑ는 가능의 의미이다.

1-2 수동 표현(1)

> 部長に 呼ばれて 部長室に 行って きました。
> 부장님이 불러서 부장실에 갔다 왔습니다.

여기서 다룰 수동 표현은 어떤 행위를 직접 당하는 대상(~을)을 주어로 나타내는 경우이다.

보기 ・部長は 私を 叱った。 부장님은 나를 혼냈다
→ 私は 部長に 叱られた。 나는 부장님께 혼났다

① 成績が よくて 母に ほめられました。 성적이 좋아서 어머니께 칭찬받았습니다.

② A きのう どこかへ 行って きましたか。 어제 어딘가에 갔다 왔습니까?
B ええ、友達に 誘われて 展覧会に 行きました。
네, 친구가 불러내서 전람회에 갔습니다.

③ きのう 木村さんに プロポーズ されました。
어제, 기무라 씨에게 프로포즈 받았습니다

Kok! Kok! 문법

1-3 수동 표현(2)

> 部長に いろいろ 言われたんでしょうね。
> 부장님께 여러 말 들었겠군요.

여기서 다룰 수동 표현은 「~は ~に ~を ~(ら)れる」의 문장구조를 가지고 있다. 이 때 어떤 동작의 행위자를 「~に」의 형태로 나타낸다. 위의 문장에서는 말을 한 사람이 「部長」이기 때문에 「部長に」가 되어 있다. 또, 보기 의 문장에서는 소매치기한 사람이 「すり」기 때문에 수동의 문장에서는 「すりに」가 된다.

보기 • すりが （私の） 財布を すった。 소매치기가 (내) 지갑을 훔쳤다.
　　　→ 私は すりに 財布を すられた。 나는 소매치기에게 지갑을 도난당했다.

① 営業の 成績が 悪くて 部長に 叱られたんです。
　　영업 성적이 나빠서 부장님에게 꾸중들었습니다. *꾸짖은 사람 : 部長 → 部長に

② 電車の 中で すりに 財布を すられました。
　　전철 안에서 소매치기에게 지갑을 도난당했습니다. *소매치기 한 사람 : すり → すりに

③ 電車の 中で 隣の 人に 足を 踏まれました。
　　전철 안에서 옆사람에게 발을 밟혔습니다. *발을 밟은 사람 : 隣の人 → 隣の人に

2-1 수동 표현(3)

> ゆうべ 子供に 泣かれて 寝られませんでした。
> 어젯밤에 아이가 울어서 잠을 자지 못했습니다.

여기서 다룰 수동 표현은 우리말에는 없는 표현이어서 우리말로 옮길 때에 어떻게 번역해야 좋을지 고민하게 된다. 「子供に 泣かれる」는 직역해서 '아이에게 욺을 당하다'라고 하면 너무 어색한 문장이 되므로 '아이가 울다'로 의역하는게 좋다.

보기 • 子供が 泣いて 寝られませんでした。 아이가 울어서 잠을 못 잤습니다.
　　　→ （私は） 子供に 泣かれて 寝られませんでした。
　　　　 (나는) 아이가 울어서 잠을 못 잤습니다.

이 수동 표현은 '어떤 행위에 피해를 입었다는 느낌'을 나타내며 피해를 입은 사람을 주어로 한다. 이러한 수동 표현에는 주로 자동사의 수동형이 사용된다.

① 雨に 降られて 風邪を ひいて しまいました。
비를 맞아서 감기에 걸리고 말았습니다.

② 私は ゆうべ 友達に 来られて 宿題が できませんでした。
나는 어제 저녁에 친구가 와서 숙제를 하지 못했습니다.

③ 父に 死なれて 学校を やめなければ ならなく なりました。
아버지가 돌아가셔서 학교를 그만두지 않으면 안 되게 되었습니다.

3-1 수동 표현(4)

ハワイでは 日本語も 使われて いるんですよ。
하와이에서는 일본어도 쓰이고 있어요.

무생물이 주어로 사용된 수동 표현에서는 보통 행위의 주체는 문제시 되지 않고 행해지는 일 자체를 문제시 하는 경우가 많다. 이 때 행위의 주체는 불특정 다수이거나 특징지을 수 없는 경우가 대부분이므로, 문장 내에서는 행위의 주체를 나타내지 않는다. 그러나 행위의 주체가 개인이거나 특정한 사람들인 경우에는 「〜に よって」를 사용해 나타내기도 한다.

보기 • 人々は 東京は 物価が 高いと 言って います。(人々=불특정다수)
사람들은 도쿄는 물가가 비싸다고 합니다.

→ 東京は 物価が 高いと (人々に よって) 言われて います。
도쿄는 물가가 비싸다고 (사람들에 의해) 말하여집니다. (= 도쿄는 물가가 비싸다고 합니다.)

① 英語は 世界中で 話されて います。 영어는 온 세계에서 말하여지고(사용되고) 있습니다.

② この 人形は 紙で 作られて います。 이 인형은 종이로 만들어져 있습니다.

③ 2002年に 韓国と 日本で ワールドカップが 行われました。
2002년에 한국과 일본에서 월드컵이 개최되었습니다.

④ 東京は 物価が 高いと 言われて います。
도쿄는 물가가 비싸다고 합니다.

Check! 실력체크문제

1 보기와 같이 수동형(受身形)의 문장으로 바꾸어 보자.

> **보기**
> 部長は　私を　叱りました。
> ▶ 私は　部長に　叱られました。

① 社長が　部長を　呼びました。
▶ _____

② 母は　弟を　ほめました。
▶ _____

③ すりは　私の　財布を　すりました。
▶ _____

④ 妹が　私の　カードを　使いました。
▶ _____

⑤ 隣の　人が　私の　足を　踏みました。
　▶ _____

⑥ 兄が　私の　日記を　読みました。
　▶ _____

⑦ ゆうべ　友達が　来て、私は　勉強できませんでした。
　▶ _____

⑧ 子供が　泣いて、私は　寝られませんでした。
　▶ _____

2 짧은 글짓기

① 이 공원은 서울에 살고 있는 사람들에게 사랑받고 있습니다.

▶ _____

② 佐藤 씨는 지각해서 선생님께 혼났습니다.

▶ _____

③ 아리랑(アリラン)은 많은 사람(たくさんの 人)에게 불리고 있습니다.

▶ _____

해답

1 ① 部長は 社長に 呼ばれました。② 弟は 母に ほめられました。③ 私は すりに 財布を すられました。④ 私は 妹に カードを 使われました。⑤ 私は 隣の 人に 足を 踏まれました。⑥ 私は 兄に 日記を 読まれました。⑦ 私は ゆうべ 友達に 来られて、勉強できませんでした。⑧ 私は 子供に 泣かれて 寝られませんでした。

2 ① この 公園は ソウルに 住んで いる 人たちに 愛されて います。*人たち＝人 ② 佐藤さんは 遅刻して 先生に 叱られました。③ アリラン は たくさんの 人に 歌われて います。*「たくさん」이라는 말 안에 '많다'라는 뜻이 들어 있으므로,「たくさんの 人々」또는「たくさんの 人たち」라고 하지 않는다.

Lesson 23

娘を 留学させる つもりです。

딸을 유학시킬 생각입니다.

핵심문장

01 お子さんにも 何か させて いるでしょう。
02 英語も 習わせて いるんですか。

01 자제분에게도 뭔가 시키고 있지요?
02 영어도 배우게 하고 있습니까?

288 → Tok! Tok! 회화

1 CD56

パク　　最近の　子供は　大人よりも　暇が　ないようですね。

高橋　　そうですね。勉強だけじゃ　なくて、習う　ものも　多くて……。

パク　　高橋さんも　お子さんに　何か　させて　いるんですか。

高橋　　ええ、うちは　英語と　ピアノを　習わせて　います。

パク　　まだ　小さいのに、英語も　習わせて　いるんですか。

高橋　　ええ、早期教育が　ブームでしょう。

　　　　アメリカ人の　先生に、週に　3回、来て　もらって　いるんです。

パク　　教育費も　けっこう　かかるでしょうね。

高橋　　ええ。でも、よその　子供たちも　みんな　同じですよ。

　　　　将来は　娘を　アメリカの　有名な　音楽学校に　留学させる

　　　　つもりなんです。

박	요즘 어린이는 어른보다도 시간이 없는 것 같네요.
다카하시	그래요. 공부뿐만 아니라 배우는 것도 많아서…….
박	다카하시 씨도 자제분에게 뭔가 시키고 있나요?
다카하시	네, 우리는 영어와 피아노를 배우게 하고 있어요.
박	아직 어린데 영어도 배우게 하고 있나요(가르치나요)?
다카하시	네, 조기교육이 붐이잖아요. 미국인 선생님이 일주일에 세 번, (가르치러) 와 주고 있어요.
박	교육비도 꽤 들겠군요.
다카하시	네. 하지만, 다른 아이들도 모두 마찬가지에요. 장래에는 딸을 미국의 유명한 음악학교에 유학시킬 생각이에요.

새로운 단어

さいきん(最近) 최근, 요즈음
おとな(大人) 어른
~だけじゃ なくて ~뿐만이 아니라
おこ(子)さん 자제분, 자녀분
~させる ~시키다, ~하게 하다 [2그룹]
▶ 「する(하다)」의 사역형
うち ①우리 ②집

そうききょういく(早期教育) 조기 교육
ブーム(boom) 붐
きょういくひ(教育費) 교육비
けっこう 꽤
よそ 남의 집, 다른 곳
おんがく(音楽) 음악

290 → Tok! Tok! 회화

2 CD57

パク　　ピアノは、毎日　練習するのが　大変でしょう。

高橋　　ええ。うちの　子も　練習は　嫌いなんです。

　　　　でも、毎日　必ず　練習を　させて　いるんですよ。

パク　　お子さん、ピアノが　嫌いに　なったり　しませんか。

高橋　　私は　娘に　有名な　ピアニストに　なって　もらいたいんですよ。

　　　　だから、無理してでも　続けさせて　いるんです。

パク　　そうですか。

高橋　　パクさんは　お子さんに、何を　習わせて　いるんですか。

パク　　特別には　何も　させて　いません。学校だけです。

高橋　　大丈夫ですか。

パク　　ええ。学校の　キャンプに　行かせたり　して　遊ばせて　います。

박	피아노는 매일 연습하는 것이 힘들지요?
다카하시	네, 우리 아이도 연습은 싫어해요.
	하지만 제가 매일 꼭 연습을 시키고 있어요.
박	자제분, 피아노를 싫어하게 되거나 하지 않나요?
다카하시	저는 딸이 유명한 피아니스트가 되었으면 해요.
	그래서 무리해서라도 계속 시키고 있는 거예요.
박	그런가요?
다카하시	박 씨는 자제분에게 무엇을 가르치고 있나요?
박	특별히 아무것도 시키고 있지 않아요. 학교(공부)뿐이에요.
다카하시	괜찮나요?
박	네. 학교(에서 하는) 캠프에 보내거나 해서 놀게 하고 있어요.

새로운 단어

うちの　こ(子) 우리집 아이
ピアニスト(pianist) 피아니스트
つづ(続)ける 계속하다 2그룹
つづ(続)けさせて いる 계속 시키고 있다

▶「続けさせる(계속시키다)」는「続ける(계속하다)」의 사역형
とくべつ(特別)だ 특별하다
キャンプ(camp) 캠프, 야영

1 동사의 사역형

사역이란 남에게 무엇인가를 시킨다는 뜻이다. 동사의 사역형을 만드는 방법은 다음과 같고, 원동사와는 관계없이 사역형은 모두 2그룹 동사와 같은 활용을 한다.

1그룹 동사(5단 동사) 기본형의 끝음을 あ단음으로 바꾸고 「せる」를 붙인다.	行く 가다 読む 읽다 待つ 기다리다 入る 들어가다 習う 배우다	▶ 行かせる (か き く け こ) 가게 하다 ▶ 読ませる (ま み む め も) 읽게 하다 ▶ 待たせる (た ち つ て と) 기다리게 하다 ▶ 入らせる (ら り る れ ろ) 들어가게 하다 ▶ 習わせる (わ い う え を) 배우게 하다
2그룹 동사(상1단 동사・하1단 동사) 「る」를 떼어내고 「させる」를 붙인다.	見る 보다 食べる 먹다	▶ 見させる 보게 하다 ▶ 食べさせる 먹게 하다
3그룹 동사(カ행 변격 동사・サ행 변격 동사)	来る 오다 する 하다	▶ 来させる 오게 하다 ▶ させる 시키다

 2 사역 표현

> お子さんにも 何か 習わせて いるでしょう。
> 자제분에게도 뭔가 배우게 하고 있지요?

① 先生は 学生に 本を 読ませました。 선생님은 학생에게 책을 읽게 했습니다.

　　* 위의 문장에서 책을 읽은 사람은 학생이고, 책을 읽도록 시킨 사람은 선생님이라는 것을 알 수 있다.

② A 子供に 何を 習わせて いるんですか。 아이에게 무엇을 배우게 하고 있습니까?
　　B 特別に 何も させて いません。 특별히 아무것도 시키고 있지 않습니다.
③ お母さんは 子供に ご飯を 食べさせて います。
　　어머니는 아이에게 밥을 먹게 하고 있습니다.
　　＊ 위의 문장은 아이가 혼자서 밥을 먹을 수 있는 경우이다. 밥을 혼자 먹을 수 없는 아이의 경우라면, '어머니는 아이에게 밥을 먹이고 있습니다'로 해석하는 것이 자연스럽다.

 자동사의 사역 표현

> 私は 将来、娘を アメリカに 留学させる つもりです。
> 나는 장래에 딸을 미국에 유학시킬 생각입니다.

여기서 공부할 것은 자동사의 사역 표현이다. 타동사의 경우는 행위의 주체를 「～に」로 나타내지만, 자동사의 경우는 주로 「～を」로 나타낸다.

・私は 娘を 留学させます。 나는 딸을 유학시킬 겁니다.

이 문장에서 유학이라는 행위를 하는 주체는 '딸'이고, 유학을 하도록 시키는 사람은 '나'이다.

① 私は 子供を 自由に 遊ばせて います。 나는 아이를 자유롭게 놀게 하고 있습니다.
② 鈴木さんは 息子さんを 海外旅行に 行かせました。
　　스즈키 씨는 아드님을 해외 여행에 가게 했습니다.
③ 佐藤さんは うそを ついて お母さんを 怒らせました。
　　사토 씨는 거짓말을 해서 어머니를 화나게 했습니다.

Kok! Kok! 심화학습

1 「〜たり」의 용법

> ピアノが 嫌いに なったり しませんか。
> 피아노를 싫어하게 되거나 하지 않습니까?

「たり」는 3과에서도 배웠듯이 보통 「〜たり 〜たり する」의 형태로 어떤 동작이나 상태를 열거하는 경우에 사용한다. 그러나 「たり」는 하나의 동작이나 상태를 예로 들어 그 밖에 다른 것도 있음을 암시하는 경우에도 사용한다. 즉, 위의 예문은 엄마가 아이에게 피아노 연습을 강제적으로 시킬 때 생길 수 있는 현상 중의 하나를 예로 든 것이다.

① 学校の キャンプに 行かせたり して 遊ばせて います。
　　학교 캠프에 보내거나 해서 놀게 하고 있습니다.

② うそを ついたり して お母さんを 怒らせた ことが ありますか。
　　거짓말을 하거나 해서 어머니를 화나게 한 적이 있습니까?

③ 絵に 触ったりなど しては いけないんですよ。
　　그림을 만지거나 하면 안 됩니다.

Check! 실력체크문제 ←295

1 다음을 읽고 질문에 문장으로 답해 보자.

> お母さんは　子供に　ピアノを　習わせて　います。

① だれが　ピアノを　習って　いますか。
▸ _____

② だれが　ピアノを　習わせて　いますか。
▸ _____

> 鈴木さんは　息子さんを　アメリカに　留学させて　います。

③ だれが　アメリカに　留学して　いますか。
▸ _____

④ だれが　アメリカに　留学させて　いますか。
▸ _____

> パクさんは　お子さんに　薬を　飲ませました。

⑤ だれが　薬を　飲みましたか。
▸ _____

⑥ だれが　薬を　飲ませましたか。
▸ _____

Check! 실력체크문제

> 佐藤さんは　お父さんを　怒らせました。

⑦ だれが　怒りましたか。
▶ _____

⑧ だれが　怒らせましたか。
▶ _____

2 짧은 글짓기

① 선생님은 학생들에게 영어책을 읽게 했습니다.
▶ _____

② 방안이 더워서 남동생에게 창문을 열게 했습니다.
▶ _____

③ 나는 지금 개를 운동시키고 있습니다.
▶ _____

해답

1　①子供が　ピアノを　習って　います。②お母さんが　子供に　ピアノを　習わせて　います。③鈴木さんの　息子さんが　アメリカに　留学して　います。④鈴木さんが　息子さんを　アメリカに　留学させて　います。⑤パクさんの　お子さんが　薬を　飲みました。⑥パクさんが　お子さんに　薬を　飲ませました。⑦佐藤さんの　お父さんが　怒りました。⑧佐藤さんが　お父さんを　怒らせました。

2　①先生は　学生たちに　英語の　本を　読ませました。②部屋の　中が　暑くて　弟に　窓を　開けさせました。③私は　今　犬を　運動させて　います。

Lesson 24

毎日 コピーばかり させられるんです。
매일 복사만 합니다.

핵심문장

01 毎日 コピーばかり させられるんです。
02 一曲、歌わせて いただきます。

01 매일 복사만 합니다.
02 한 곡 부르겠습니다.

1 CD58

キム　高橋さん、遅く なって ごめんなさい。

　　　課長に 会議の 後片付けを させられて いたんです。

高橋　私も 今 来た ところです。

　　　どうですか。仕事は おもしろいですか。

キム　いいえ、全然ですよ。毎日 コピーばかり させられるんです。

高橋　へえ、それは 大変ですね。

キム　それに、今の 会社は 女性には 重要な 仕事を させて

　　　くれないんだそうです。

高橋　本当ですか。

キム　ええ。高橋さんの

　　　会社は どうですか。

高橋　うちの 会社は 違います。

　　　女性でも、能力が あれば、

　　　重要な 仕事を 任せられるんです。

김	다카하시 씨, 늦어서 죄송해요.
	과장님이 회의 뒷정리를 시켜서요.
다카하시	저도 지금 막 왔어요.
	어때요? 일은 재미있나요?
김	아니요, 전혀요. 매일 복사만 하고 있어요.
다카하시	어머, 그거 큰일이네요.
김	게다가, 지금 다니고 있는 회사는 여성에게는 중요한 일을 시켜주지 않는다고 해요.
다카하시	정말요?
김	네. 다카하시 씨 회사는 어떤가요?
다카하시	우리 회사는 달라요. 여성이라도 능력이 있으면 중요한 일을 맡게 되요.

새로운 단어

- ごめんなさい 미안합니다, 죄송합니다
- かちょう(課長) 과장, 과장님
- あとかたづ(後片付)け 뒷정리
- コピー(copy) 카피, 복사
- コピーを する 복사를 하다
- ~(さ)せられる ~(하게 함을) 당하다, (어쩔 수 없이) ~하다
- ちが(違)う 다르다 1그룹
- じゅうよう(重要)だ 중요하다
- まか(任)せる 맡기다 2그룹

300 Tok! Tok! 회화

2 CD59

キム 「一曲、歌わせて いただきます」と いう 言葉、カラオケで よく 聞きますが、意味が よく わからないんです。

高橋 どこがですか。

キム 自分が 歌いたくて 歌うんでしょう。それなのに、どうして 「歌わせて いただく」と 言うんですか。

高橋 さあ……。

キム 韓国人なら、「私、一曲 歌います。下手ですが、聞いて ください。」と 言いますよ。

高橋 その 韓国人は 本当に 歌が 下手なんですか。

キム 下手じゃ なくても 普通 そう 言いますよ。

高橋 日本人が 「歌わせて いただく」と 言うのも、気持ちは 同じなのかも しれませんね。

김	「一曲、歌わせて いただきます」라는 말을 가라오케에서 자주 듣는데, 의미를 잘 모르겠어요.
다카하시	어디가 말이죠?
김	자신이 노래를 하고 싶어서 부르는 거 잖아요? 그런데 어째서 '(남이 나에게) 노래 부르게 시킴을 (나는) 받는다'라고 하는 거죠?
다카하시	글쎄요…….
김	한국인이라면, '제가 한 곡 부르겠습니다. 잘 못하지만 들어 주세요'라고 해요.
다카하시	그 한국인은 정말 노래를 못하는 건가요?
김	못하지 않더라도 보통 그렇게 말해요.
다카하시	일본인이 '노래 부르게 함을 받는다'라고 하는 것도, (그 말에 담긴) 의도는 같을지도 모르겠군요.

새로운 단어

いっきょく(一曲) 한 곡
ことば(言葉) 말, 단어
～が わかる ～을 알다 ▶「～を わかる」가 아니라「～が わかる」인 점에 주의
じぶん(自分) 자기, 자신

それなのに 그래도, 그런데도
ふつう(普通) 보통, 대체로, 일반적으로
きも(気持)ち ①마음, 마음가짐 ②기분(입문편 17과)

1-1 동사의 사역 수동형을 만드는 법

사역 수동형이란 앞에서 배운 동사의 사역형에 수동형이 붙어서 된 형태를 말한다. 이 사역 수동형 「～(さ)せられる」는 직역하면 '～하게 함을 당하다'이지만, 우리말에는 이런 표현이 없으므로 이해하기가 좀 어려울 것이다. 「～(さ)せられる」는 '타의에 의해서 어쩔 수 없이 ～하다'라는 의미를 나타낸다. 「～(さ)せられる」가 나타내는 의미에 대해서는 1-2에서 예문을 통해 알아보기로 하고, 여기서는 사역 수동형을 만드는 방법을 다루기로 하겠다.

	기본형	사역	사역 + 수동
1그룹 동사(5단 동사) 기본형의 끝음을 あ단 음으로 바꾸고 「せられる」 또는 「される」를 붙인다.	待つ	待たせる	待たせられる ＝待たされる
	行く	行かせる	行かせられる ＝行かされる
	買う	買わせる	買わせられる ＝買わされる
	走る	走らせる	走らせられる ＝走らされる
	話す	話させる	*話させられる
2그룹 동사(상1단 동사・하1단 동사) 「る」를 떼어내고 「させられる」를 붙인다.	見る	見させる	見させられる
	食べる	食べさせる	食べさせられる
	覚える	覚えさせる	覚えさせられる
3그룹 동사(カ행 변격 동사・サ행 변격 동사)	来る	来させる	来させられる
	する	させる	させられる

*1그룹 동사의 경우 「～せられる」는 「～される」라고도 할 수 있는데, 「話す」와 같이 끝음이 「す」로 끝난 동사의 경우에는 「話させられる」를 「話さされる」로 할 수 없다.

꼭꼭 1-2 「～(さ)せられる」의 용법

課長に 会議の 後片付けを させられたんです。
과장님이 회의 뒷정리를 하라고 해서 했습니다.

「～(さ)せられる」는 꼭꼭 1-1에서도 말했듯이 '타인에 의해 어쩔 수 없이 ~하다'라는 뜻을 가지고 있다.

- 課長は 私に 後片付けを させた。 과장님은 나에게 뒷정리를 시켰다.
  → 私は 課長に 後片付けを させられた。
    나는 과장님이 뒷정리를 하라고 해서 (어쩔 수 없이) 했다.

즉, 「～(さ)せられる」문은 동작을 강요하는 사람과 동작을 하는 사람이 있는데, 동작을 하는 사람이 어떤 피해의식이나 곤혹스러움을 느끼고 있음을 나타낸다.

① イーさんは 妹さんに 高い 洋服を 買わせられました。
   이 씨는 여동생에게 비싼 옷을 (사 달라고 졸라서 어쩔 수 없이) 사 줬습니다.

② 佐藤さんは 毎朝 お母さんに 牛乳を 飲ませられて います。
   사토 씨는 매일 아침 어머니가 우유를 마시라고 해서 마시고 있습니다.

③ ゆうべ 遅くまで 部長に お酒を 飲まされました。
   어젯밤에 늦게까지 부장님이 자꾸 권해서 술을 마셔야 했습니다.

④ 会社で お茶くみばかり させられるんです。 회사에서 차 심부름만 합니다.

⑤ 予約を しなかったので、1時間も 待たされました。
   예약을 안 했기 때문에 1시간이나 기다려야 했습니다.

⑥ みんなの 前で 歌わせられて 恥ずかしかったです。
   모든 사람들 앞에서 노래를 불러야 해서 창피했습니다.

⑦ 彼は 会社を 辞めさせられたそうです。 그는 회사를 해고 당했다고 합니다.

2-1 「～(さ)せて いただきます」의 용법

> 一曲(いっきょく)、歌(うた)わせて いただきます。 한 곡 부르겠습니다.

「～(さ)せて いただきます」는 정중하게 상대방에게 승낙(허락)을 받고자 하는 표현이다. 동사의 사역형이 사용되었다고 해서 '무엇인가를 강요한다'라고 생각해서는 안 된다. 이 표현은 직역하면 '~하게 함을 받겠습니다'이지만, 의역해서 '~하겠습니다'라고 해야 자연스럽다.

① 明日(あした)は 用事(ようじ)が あって 休(やす)ませて いただきたいんですが。
　내일은 볼 일이 있어서 쉬고 싶은데요.

② ちょっと 体(からだ)の 具合(ぐあい)が 悪(わる)くて お先(さき)に 帰(かえ)らせて いただきます。
　몸이 좀 안 좋아서 먼저 돌아가겠습니다.

③ 一身上(いっしんじょう)の 都合(つごう)で 会社(かいしゃ)を 辞(や)めさせて いただきます。
　일신상의 사정으로 회사를 그만두겠습니다.

Check! 실력체크문제

1 다음을 읽고 질문에 문장으로 답해 보자.

> イーさんは　妹さんに　高い　洋服を　買わせられました。

① だれが　洋服を　買いましたか。
▸ _____

② だれが　洋服を　買わせましたか。
▸ _____

> 木村さんは　友達に　1時間も　待たせられました。

③ だれが　待ちましたか。
▸ _____

④ だれが　待たせましたか。
▸ _____

2 다음을 읽고 질문에 문장으로 답해 보자.

> イー　今度は　木村さんの　歌を　聞かせて　ください。
> 木村　それじゃ、一曲　歌わせて　いただきます。

① これから　だれが　歌を　歌いますか。
▸ _____

Check! 실력체크문제

```
店員  明日は 用事が あって 休ませて いただきたいんですが。
社長  そうですか。分かりました。
```

② 明日 だれが 休みますか。
▸ _____

```
キム  すみませんが、お先に 帰らせて いただきたいんですが。
鈴木  ええ、どうぞ。
```

③ だれが 帰りますか。
▸ _____

3 짧은 글짓기

① 나는 술을 좋아하는데, 의사가 술을 끊게 했습니다.
▸ _____

② 나는 어릴 적에 말랐었기 때문에, 매일 어머니가
밥을 많이 먹게 했습니다.
▸ _____

③ 밥을 먹은 지 얼마 안 되어서 전 사양하겠습니다.
▸ _____

해답

1 ① イーさんが 洋服を 買いました。② イーさんの 妹さんが 洋服を 買わせました。③ 木村さんが 待ちました。④ 木村さんの 友達が 待たせました。
2 ① 木村さんが 歌を 歌います。② 店員が 休みます。③ キムさんが 帰ります。
3 ① 私は お酒が 好きですが、お医者さんに お酒を やめさせられました。② 私は 子供の 時 やせて いたので、毎日 母に ご飯を たくさん 食べさせられました。③ ご飯を 食べたばかりなので 私は 遠慮させて いただきます。

Lesson 25

何時(なんじ)ごろ　お戻(もど)りに なりますか。
몇 시경에 돌아오십니까?

핵심문장

01　田中先生(たなかせんせい)、いらっしゃいますか。

02　すぐ　お戻(もど)りに　なりますか。

03　また　お電話(でんわ)すると　伝(つた)えて くださいませんか。

01　다나카 선생님 계십니까?
02　금방 돌아오십니까?
03　다시 전화드리겠다고 전해 주시지 않겠습니까?

1

田中の妻　はい、田中で ございます。

キム　もしもし、あのう、田中先生、いらっしゃいますか。

田中の妻　主人は 今 外出中なんですが。

キム　そうですか。すぐ お戻りに なりますか。

田中の妻　はい、すぐ 戻ると 思います。失礼ですが、どちらさまですか。

キム　キム ミラと 申します。

田中の妻　キム ミラさんですね。

キム　ええ、すみませんが、30分後に また お電話すると 伝えて くださいませんか。

田中の妻　はい、わかりました。

다나카의 아내	네, 다나카입니다.
김	여보세요. 저어, 다나카 선생님 계신가요?
다나카의 아내	남편은 지금 외출 중인데요.
김	그래요? 금방 돌아오시나요?
다나카의 아내	네, 금방 돌아올 거라고 생각해요. 실례지만, 누구시죠?
김	김미라라고 합니다.
다나카의 아내	김미라 씨요.
김	네, 죄송하지만, 30분 후에 다시 전화한다고 전해 주시겠어요?
다나카의 아내	네, 알겠어요.

새로운 단어

いらっしゃる 계시다, 가시다, 오시다 (1그룹)
▶ 「いる(있다)」, 「行く(가다)」, 「来る(오다)」의 존경어

おもど(戻)りに なる 돌아오시다
▶ 「戻る(되돌아오다, 되돌아가다)」의 존경 표현

おでんわ(電話)する 전화드리다
▶ 「電話する(전화하다)」의 겸양 표현

310 → Tok! Tok! 회화

2 CD61

田中　あ、キムさん、さきほどは　失礼いたしました。

キム　お久しぶりです。お元気ですか。

田中　はい。おかげさまで、元気で　やって　おります。
　　　いつ　お着きに　なったんですか。

キム　きのうの　夜、到着いたしました。

田中　お一人で　いらっしゃったんですか。

キム　いいえ、今度は　主人と　いっしょです。

田中　ご主人も　いらっしゃったんですか。ぜひ　お目に　かかりたいですね。

キム　あのう、実は　主人と　二人で　ご挨拶に　うかがおうかと　思って
　　　いるんですが……。

田中　そうですか。いつでも　おいでください。

キム　そうですか。それでは　明日の　7時頃　お宅に　うかがいます。

田中　7時ですね。分かりました。では　お待ちして　おります。

キム　はい。じゃあ　失礼します。

다나카	아, 김 씨. 아까는 실례했습니다.
김	오랜만입니다. 건강하신가요?
다나카	네. 덕분에 건강하게 지내고 있어요. 언제 도착하셨어요?
김	어젯밤에 도착했어요.
다나카	혼자서 오셨나요?
김	아니요. 이번에는 남편과 함께 왔어요.
다나카	남편분도 오셨어요? 꼭 뵙고 싶군요.
김	저어, 실은 남편과 둘이서 인사 드리러 찾아뵈려고 생각하고 있습니다만…….
다나카	그래요? 언제든지 오세요.
김	그래요? 그럼 내일 7시경에 댁에 찾아뵐게요.
다나카	7시요. 알겠습니다. 그럼 기다리고 있겠습니다.
김	네. 그럼 실례하겠습니다(이만 끊겠습니다).

새로운 단어

さきほど 아까, 조금 전
やる 보내다, 생활하다, 살아가다 **1그룹**
とうちゃく(到着)いたす 도착하다
▶「到着する(도착하다)」의 겸양 표현
おひとり(一人) 혼자 ▶「お」는 존경의 뜻을 나타내는 접두사

おひとり(一人)で 혼자서
おま(待)ちする 기다리다 ▶「待つ」의 겸양 표현
しつれい(失礼)する 실례하다 **3그룹**
▶「失礼します」는 여러 경우에 사용되는데, 여기서는 전화를 끊을 때 사용된 예로서 '안녕히 계십시오'라는 의미로 쓰였다.

312 → Kok! Kok! 문법

1-1 「~で ございます」의 용법

> はい、田中で ございます。 네, 다나카입니다.

「~で ございます」는 「~です(입니다)」보다 공손한 말로서 주로 전화 받을 때에 상투적으로 사용하거나, 백화점이나 호텔 등에서 손님을 상대로 사용한다. 보통 일상 회화에서는 「~です, ~ます」형으로만 말해도 충분히 공손한 표현이 된다.

① はい、木村で ございます。 네, 기무라입니다.

*일본의 가정에서는 전화를 받을 때 보통 성(姓)만을 말한다. 일본 여성은 결혼을 하면 남편의 성을 따르는 게 일반적이라, 온 가족이 같은 성을 가지게 된다.

② こちらは 領収書で ございます。どうぞ。 이것은 영수증입니다. 받으십시오.

1-2 특수한 경어 표현

> 田中先生、いらっしゃいますか。 다나카 선생님 계십니까?

일본어에는 뒤에서 공부할 존경 표현(お~に なる)과 겸양 표현(お~する) 이외에 우리말의 '잡수시다, 계시다'와 같이 원동사와 전혀 다른 형태의 경어도 있다. 여기서는 이러한 특수한 경어에 대해서도 알아보기로 하겠다.

① A 田中先生、いらっしゃいますか。 다나카 선생님 계십니까?
   B 主人は 今 おりませんが。 남편은 지금 없는데요.

② ぜひ お目に かかりたいですね。 꼭 뵙고 싶군요.

③ 私は キム ミラと 申します。 저는 김미라라고 합니다.

④ A もう 少し 召し上がって ください。 좀 더 드십시오.
   B いいえ、もう けっこうです。 아닙니다. 이제 됐습니다.

⑤ A これ、アルバムなんですが、ご覧に なりますか。 이거, 앨범인데 보시겠습니까?

B　ええ、**拝見**します。 네, 보겠습니다.

⑥　ちょっと　**伺**いますが、サンシャイン・ビルは　どちらですか。
　　좀 여쭙겠는데요. 선샤인 빌딩은 어디입니까?

일본어의 경어법은 우리말의 경어법과는 다르다. 가장 큰 차이점은 일본어에서는 자기측 사람(자기 가족, 자기 회사 사람 등)에 대해 남 앞에서 이야기할 때 경어를 사용하지 않는다는 것이다. 예를 들어, 우리는 '저희 아버지께서 ~하셨어요', '사장님 지금 안 계신데요' 등 '아버지' '나' '사장님'은 나보다 윗사람이므로 존경어를 사용해서 말하지만, 일본어는 그렇지 않다.

　　A　**鈴木社長**、いらっしゃいますか。 스즈키 사장님 계십니까?
　　B　**鈴木**は　**今 席**を　**外**して　おります。
　　　　스즈키는 지금 자리에 없습니다. (= 스즈키 사장님은 지금 자리에 안 계십니다.)

위의 대화에서 A는 거래처 사람이고 B는 鈴木의 부하직원이다. A는 상대방 회사의 사장을 바꿔달라고 하는 것이므로 '이름 + 직책명' 뒤에 「さん」을 덧붙여 정중하게 말한다. 그러나 B는 鈴木가 자기의 상사일지라도, 타회사 사람에게 말하는 것이므로 「鈴木は~」와 같이 직책명과 「さん」을 붙이지 않고 이름만 말해야 한다. 서술어 부분도 마찬가지로 A는 「いらっしゃいますか(계십니까?)」라는 존경어를 사용했지만 B는 「席を　外して　おります(자리에 없습니다)」처럼 「~て　おる」라는 겸양 표현을 사용했다.

꼭 암기 1-3 「~です」의 공손한 표현인 「~で　いらっしゃいます」

> どちらさまで　いらっしゃいますか。 누구십니까?

꼭 암기 1-1에서 「~です」의 공손한 표현으로서 「~で　ございます」를 공부했는데, 「~です」가 사람을 지시하는 단어에 이어질 경우에는 「~で　いらっしゃいます」라고 해도 된다. 이것도 「~でございます」와 마찬가지로 공손한 표현이다.

①　あのう、**鈴木**さまで　いらっしゃいますか。 저, 스즈키 씨이십니까?
②　こちらは　パクさんの　**ご主人**で　いらっしゃいます。 이쪽은 박 씨의 부군이십니다.
③　A　いらっしゃいませ。**何名様**で　いらっしゃいますか。 어서오십시오. 몇 분이십니까?
　　B　**2人**です。 2명입니다.

2-1 존경을 나타내는 「お(ご) + 동사의 ます형 + に なる」 표현

> いつ お着きに なったんですか。 언제 도착하셨습니까?

「お(ご) + 동사의 ます형 + に なる」는 동사의 존경 표현을 나타낸다. 보통 「한자어 + する」의 경우는 「ご(お) + 한자어 + に なる」라고 하면 된다.

① 1時間 前に お帰りに なりました。 한 시간 전에 돌아가셨습니다.
② これ、お使いに なりますか。 이거, 사용하시겠습니까?
③ こちらに おかけに なって お待ちください。 이쪽에 앉으셔서 기다리십시오.
④ 明日 ご出発に なる 予定です。 내일 출발할 예정입니다.

2-2 겸양을 나타내는 「お(ご) + 동사의 ます형 + する」 표현

> コーヒーショップで お待ちして います。
> 커피숍에서 기다리고 있겠습니다.

「お(ご) + 동사의 ます형 + する」는 겸양 표현을 나타낸다. 보통 「한자어 + する」의 경우는 「ご(お) + 한자어 + する」라고 하면 된다.

① その かばん、お持ちしましょうか。 그 가방, 들어 드릴까요?
② ちょっと お手伝いしましょうか。 좀 도와 드릴까요?
③ この間 お借りした 本を お返ししたいんですが。
   요전에 빌린 책을 돌려 드리고 싶은데요.
④ あとで また お電話します。 나중에 다시 전화드리겠습니다.
⑤ 向こうに 着いたら ご連絡します。 그 쪽에 도착하면 연락드리겠습니다.

꼭꼭 2-3 존경어와 겸양어

(1) 경어에는 존경어와 겸양어 두 가지가 있다. 존경어는 상대방이나 화제에 등장한 사람의 동작 또는 그들에게 속해 있는 사물을 높여 주는 말씨이고, 겸양어는 자기 자신의 동작을 낮추어 말함으로써 결과적으로 상대방을 높여 주는 말씨이다.

	존경어	겸양어
行く 가다 来る 오다	いらっしゃる おいでに　なる　　가시다, 오시다, 계시다	参る 가다, 오다
いる 있다		おる 있다
言う 말하다	おっしゃる 말씀하시다	申す 말씀드리다
する 하다	なさる 하시다	いたす 하다
食べる 먹다 飲む 마시다	召し上がる 드시다, 잡수시다	いただく 먹다, 마시다
見る 보다	ご覧に　なる 보시다	拝見する 보다
寝る 자다	お休みに　なる 주무시다	
会う 만나다	お会いに　なる 만나시다	お目に　かかる 뵙다
聞く 듣다	お聞きに　なる 물어보시다	伺う 여쭙다, 찾아뵙다
訪ねる 방문하다	お訪ねに　なる 방문하시다	
知る 알다	ご存じだ 아시다	存じる 알다

다음 동사들은 1그룹 동사이지만 동사의 ます형이「～ります」가 아니고「～います」가 된다.

- いらっしゃる → いらっしゃいます（○）　いらっしゃります（×）
- なさる → なさいます（○）　なさります（×）
- おっしゃる → おっしゃいます（○）　おっしゃります（×）

(2)「お父さん」,「お母さん」,「お一人」등의「お」는 존경의 뜻을 나타내는 접두사이나,「お酒」,「お茶」등의「お」는 말을 아름답고 품위있게 꾸미는 접두사이다.

Check! 실력체크문제

1 밑줄에 알맞은 표현을 써 넣어 보자.

① （A 거래처의 부장　B 鈴木의 비서 ）
　　A　鈴木社長、いらっしゃいますか。
　　B　申し訳ございません。鈴木は　今　_____が。

② （A 웨이터　B 손님）
　　A　お飲み物は　何に　_____か。
　　B　ビールに　します。

③ （A 웨이터　B 손님）
　　A　おたばこを　_____か。
　　B　いいえ、吸いません。

④ （A 학생　B 선생님）
　　A　先生、重そうですね。私が　_____か。
　　B　ありがとう。

⑤ （A 학생　B 선생님）

　　A　明日の　4時ごろ ＿＿＿＿＿＿＿＿たいんですが、よろしいでしょうか。

　　B　はい、いいですよ。明日は　一日中　研究室に　いるから、いつでも
　　　　来て　ください。

⑥ （A 손님　B 웨이트리스）

　　A　すみません。ナイフを　落として　しまったんですが。

　　B　はい。すぐ　新しいのを ＿＿＿＿＿＿＿＿します。

⑦ （A 평사원　B 부장）

　　A　部長。キム　ミラさんと　いう　方を ＿＿＿＿＿＿＿か。

　　B　いいえ、知りませんが。

⑧ （A 손님　B 역무원）

　　A　ちょっと ＿＿＿＿＿＿＿＿たいんですが。

　　B　はい。

　　A　新宿へ　行きたいんですが、どこで　乗り換えれば　いいんですか。

Check! 실력체크문제

2 짧은 글짓기

① 가져오신 가방은 저에게 맡겨 주십시오.
▶ _____

② 鈴木 사장님은 언제 서울에 오십니까?
▶ _____

③ 「스피드(スピード)」라는 영화를 보셨습니까?
▶ _____

해답

1 ①おりません ②なさいます ③お吸いに なります ④お持ちしましょう ⑤伺い 또는 参り ⑥お持ち ⑦ご存じです ⑧伺い 또는 お聞きし
2 ①お持ちに なった かばんは 私に お預けください。②鈴木社長は いつ ソウルに いらっしゃいますか。*「いらっしゃいますか」대신「おいでに なりますか」라고 해도 된다. ③スピードと いう 映画を ご覧に なりましたか。

활용형의 정리

1 동사의 ます형에 이어지는 활용형

- コーヒーを 飲みます。 커피를 마십니다. (☞ 입문편・11과)
- 手伝いましょうか。 도와 줄까요? (☞ 입문편・13과)
- いつか いっしょに 行きましょう。 언젠가 같이 갑시다. (☞ 입문편・13과)
- 電話を しました。 전화를 했습니다. (☞ 입문편・14과)
- 手紙は 書きませんでした。 편지는 쓰지 않았습니다. (☞ 입문편・14과)
- 買い物に 行きました。 쇼핑하러 갔습니다. (☞ 입문편・14과)
- 遊びに 来ませんか。 놀러 오지 않겠어요? (☞ 입문편・16과)
- 音楽を 聞きながら 本を 読んで います。
  음악을 들으면서 책을 읽고 있습니다. (☞ 입문편・20과)
- 水が 飲みたいです。 물이 마시고 싶습니다. (☞ 입문편・21과)
- この 本は 字が 大きいので 読みやすいです。
  이 책은 글씨가 커서 읽기 쉽습니다. (☞ 초급편・5과)
- 使い方が よく わからないんですが。
  사용법을 잘 모르겠는데요. (☞ 초급편・11과)
- 物価が 高いから 住みにくいと 思います。
  물가가 비싸서 살기 불편하다고 생각합니다. (☞ 초급편・12과)
- 雨が 降りそうです。 비가 올 것 같습니다. (☞ 초급편・20과)
- すぐ 終わりそうに ありません。 금방 그칠 것 같지 않습니다. (☞ 초급편・20과)
- 少々 お待ちください。 잠깐 기다려 주세요. (☞ 초급편・20과)

- これ、お使いに なりますか。이거, 쓰시겠습니까? (☞ 초급편・25과)

2 동사의 て형에 이어지는 활용형

- ちょっと 待って ください。잠깐 기다려 주세요. (☞ 입문편・18과)
- テレビを 見て 勉強して 寝ました。
  텔레비전을 보고, 공부를 하고, 잤습니다. (☞ 입문편・18과)
- たばこを 吸って います。담배를 피우고 있습니다. (☞ 입문편・19과)
- 探して みます。찾아 보겠습니다. (☞ 입문편・22과)
- たばこを 吸っても いいですか。담배를 피워도 됩니까? (☞ 입문편・24과)
- 触っては いけません。만지면 안 됩니다. (☞ 입문편・24과)
- よく 聞いてから 答えを 書いて ください。
  잘 듣고 나서 답을 쓰십시오. (☞ 초급편・3과)
- 予約して おきました。예약을 해 두었습니다. (☞ 초급편・8과)
- 材料は もう 買って あります。재료는 전부 사 두었습니다. (☞ 초급편・8과)
- お金を 入れても 水が 出ないんです。
  돈을 넣어도 물이 안 나옵니다. (☞ 초급편・11과)
- 教えて くださいませんか。가르쳐 주시지 않겠습니까? (☞ 초급편・11과)
- 料理も 作って くれるんです。요리도 만들어 줍니다. (☞ 초급편・18과)
- 手伝いを して あげます。도와 주겠습니다. (☞ 초급편・18과)
- 掃除を して もらいます。청소를 해 받습니다. (☞ 초급편・18과)
- 忘れて しまいました。잊어버렸습니다. (☞ 초급편・19과)

- 教えて いただけませんか。 가르쳐 주시지 않겠습니까? (☞ 초급편 • 21과)
- 売って いただきたいんです。 파셨으면 합니다. (☞ 초급편 • 21과)

3 た형에 이어지는 활용형

- 日本へ 行った ことが ありますか。
  일본에 간 적이 있습니까? (☞ 초급편 • 2과)
- 洗濯を したり 掃除を したり します。
  빨래를 하기도 하고, 청소를 하기도 합니다. (☞ 초급편 • 3과)
- チェーさんに 会ったら よろしく お伝えください。
  최 씨를 만나면 안부 전해 주세요. (☞ 초급편 • 6과)
- 傘を 持って いった ほうが いいですよ。
  우산을 가지고 가는 게 좋을 거예요. (☞ 초급편 • 10과)
- 結婚した ばかりです。 결혼한 지 얼마 안 됐습니다. (☞ 초급편 • 17과)

4 기본형에 이어지는 활용형

- 人の 前で 歌うのは 大嫌いです。
  사람들 앞에서 노래하는 것은 아주 싫어합니다. (☞ 입문편 • 25과)
- 明日は 晴れると 思います。 내일은 날이 갤 거라고 생각합니다. (☞ 초급편 • 1과)
- いっしょに 行くかも しれません。 함께 갈지도 모릅니다. (☞ 초급편 • 1과)
- もう すぐ 始まるでしょうね。 곧 시작하겠지요? (☞ 초급편 • 1과)

- 昇進も したし、給料も 上がったので、大満足です。
  승진도 하고 월급도 올라 대만족입니다. (☞ 초급편・5과)
- 英語で 話す ことが できますか。영어로 말할 수 있습니까? (☞ 초급편・7과)
- 電気製品を 買うなら 秋葉原が 一番です。
  전기제품을 사려면 아키하바라가 제일입니다. (☞ 초급편・10과)
- 洗濯が 終わると 自動的に 止まります。
  세탁이 끝나면 자동적으로 멈춥니다. (☞ 초급편・11과)
- 故障して いるようですね。고장난 것 같습니다. (☞ 초급편・11과)
- 道が すべりますから 気を つけて ください。
  길이 미끄러우니까 조심하세요. (☞ 초급편・12과)
- もう すぐ 着く はずです。곧 도착할 겁니다. (☞ 초급편・12과)
- 彼女は 来月 結婚するそうです。
  그 여자는 다음 달에 결혼한다고 합니다. (☞ 초급편・13과)
- やせる ために ダイエットを 始めました。
  살을 빼려고 다이어트를 시작했습니다. (☞ 초급편・13과)
- 今 ちょうど 帰る ところです。지금 막 돌아가려던 참입니다. (☞ 초급편・14과)
- 大学院に 進む つもりです。대학원에 진학할 예정입니다. (☞ 초급편・16과)
- たばこを 止める ことに しました。
  담배를 끊기로 했습니다. (☞ 초급편・16과)
- 転勤する ことに なりました。전근가게 되었습니다. (☞ 초급편・17과)
- 明日から 寒く なるらしいです。내일부터 추워질 듯 합니다. (☞ 초급편・17과)
- ご飯を 食べたのに もう おなかが すきました。
  밥을 먹었는데도 벌써 배가 고픕니다. (☞ 초급편・19과)

5 ない형에 이어지는 활용형

- お酒を 飲まないで ください。 술을 마시지 마세요. (☞ 입문편・24과)
- ルールを 守らなければ なりません。
  규칙을 지키지 않으면 안 됩니다. (☞ 초급편・9과)
- 入院しなくては いけません。 입원하지 않으면 안 됩니다. (☞ 초급편・9과)
- あまり 心配しなくても いいです。 너무 걱정 안 해도 됩니다. (☞ 초급편・9과)
- 無理しない ほうが いいですよ。 무리하지 않는 게 좋아요. (☞ 초급편・10과)
- 食べないように して います。 먹지 않으려고 합니다. (☞ 초급편・13과)

6 ば형에 이어지는 활용형

- 練習すれば できると 思います。
  연습하면 될 거라고 생각합니다. (☞ 초급편・7과)

7 (よ)う형에 이어지는 활용형

- もっと がんばろうと 思って います。 더 열심히 하려고 합니다.
  (☞ 초급편・16과)

복습문제 | 제14과~제25과

1 빈칸에 알맞은 말을 써 넣어 보자.

① あの　背□　高い　人が　イーさんです。

② 私は　歌□　上手な　人が　好きです。

③ A どうしたんですか。
　 B いいえ、何□□　ありません。

④ さしみ□　食べられますか。

⑤ 試験の　成績が　よくて　先生□　ほめられました。

⑥ 雨□　降られて　風邪を　ひいて　しまいました。

⑦ すり□　財布□　すられました。

⑧ 子供□　ピアノを　習わせて　います。

⑨ 佐藤君は　先生□　怒らせました。

⑩ 友達□　1時間も　待たせられました。

2 밑줄에 들어갈 알맞은 말을 골라 보자.

① あまり 将来性の ない 会社なので 転職を _____ ところです。

  ⓐ 考える   ⓑ 考えて いる   ⓒ 考えた

② A 待ちましたか。

  B いいえ、私も 今 _____ ところです。

  ⓐ 着く   ⓑ 着いて いる   ⓒ 着いた

③ A 寝て いたんですか。

  B いいえ、これから _____ ところですが。

  ⓐ 寝る   ⓑ 寝て いる   ⓒ 寝た

④ 佐藤さんは 韓国へ 来た_____ なのに 韓国語が 上手です。

  ⓐ ところ   ⓑ ばかり

⑤ うわさに よると、あの 人は 金持ち_____です。

  ⓐ らしい   ⓑ のよう

⑥ 少々 お_____ ください。

  ⓐ 待ち   ⓑ 待って

⑦ 卒業する_____ 日本語が 上手に なりたいです。
　　ⓐ まで　　　ⓑ までに

⑧ 姉は 私に きれいな イヤリングを _____。
　　ⓐ あげました　　ⓑ もらいました　　ⓒ くれました

⑨ この 時計、店の 人に 安くして _____。
　　ⓐ あげました　　ⓑ もらいました　　ⓒ くれました

⑩ 英語の 先生に 週に 2回 来て _____。
　　ⓐ くださって います　　ⓑ いただいて います。

⑪ 田中先生が お見舞いに 来て _____。
　　ⓐ くださいました　　ⓑ いただきました

⑫ 明日 用事が あって _____ いただきたいんですが。
　　ⓐ 休んで　　ⓑ 休ませて

⑬ A ちょっと _____。
　　B すみません。お願いします。
　　ⓐ お手伝いに なりますか　　ⓑ お手伝い しましょうか

⑭ A あのう、鈴木さまで ＿＿＿＿＿＿。

B はい、そうですが。

ⓐ いらっしゃいますか　　　ⓑ ございますか。

⑮ A いつ ＿＿＿＿＿＿。

B 来月の　10日に　出発します。

ⓐ ご出発しますか　　　ⓑ ご出発に　なりますか

1　①の 또는 が　②の 또는 が　③でも　④が　⑤に　⑥に　⑦に, を　⑧に　⑨を　⑩に
2　①ⓑ　②ⓒ　③ⓐ　④ⓑ　⑤ⓐ　⑥ⓐ　⑦ⓑ　⑧ⓒ　⑨ⓑ　⑩ⓑ　⑪ⓐ　⑫ⓑ　⑬ⓑ　⑭ⓐ　⑮ⓑ

부록

1. 날씨
2. 몸의 여러 부분
3. 회사의 조직
4. 채소와 과일
5. 병원
6. 일본의 공휴일
7. 자동사와 타동사
8. 동물
9. 여러 가지 운동
10. 조수사 (1)
11. 조수사 (2)
12. 일본의 동전과 지폐
13. 인사말 정리

날씨

晴れる(개다)

てんき
天気(날씨・일기)

てんきよほう
天気予報(일기예보)

曇る(흐리다)

雨が 降る(비가 오다)

そら
空(하늘)

くうき
空気(공기)

たいき
大気(대기)

にじ
虹(무지개)

雪が 降る(눈이 오다)

地震(지진)

ゆき
雪(눈)

あめ
雨(비)

きり
霧(안개)

つゆ
露(이슬)

かぜ
風(바람)

稲妻 / 雷(번개 / 천둥)

風が 吹く(바람이 불다)

洪水(홍수)

몸의 여러 부분

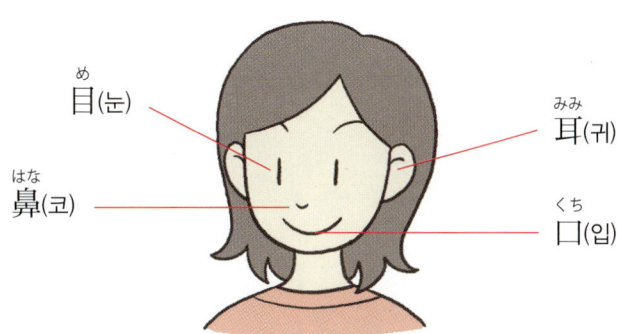

かお
顔(얼굴)

め 目(눈)
みみ 耳(귀)
はな 鼻(코)
くち 口(입)

からだ
体(몸)

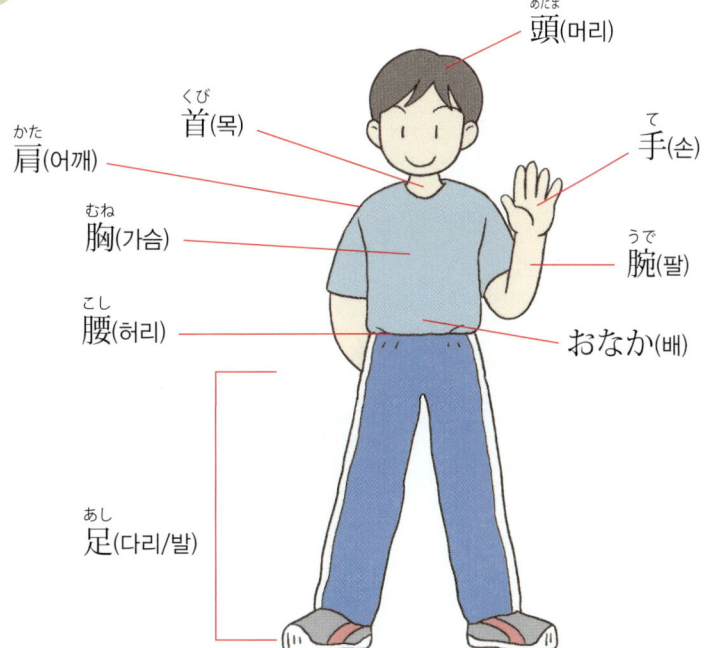

あたま 頭(머리)
くび 首(목)
て 手(손)
かた 肩(어깨)
むね 胸(가슴)
うで 腕(팔)
こし 腰(허리)
おなか(배)
あし 足(다리/발)

회사의 조직

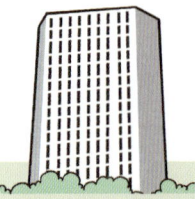

かいしゃ
会社(회사)

かいちょう 会長(회장)	ぶちょう 部長(부장)
しゃちょう 社長(사장)	かちょう　　ぶちょうだいり 課長 / 部長代理(과장/부장대리)
だいひょうとりしまりやく 代表取締役(대표이사)	かかりちょう　　かちょうだいり 係長 / 課長代理(계장/과장대리)
とりしまりやく 取締役(이사)	ぶいん　　かいん 部員 / 課員(부원/과원)
せんむ とりしまりやく 専務取締役(전무이사)	ひら　　しゃいん (平)社員((평)사원)
じょうむ とりしまりやく 常務取締役(상무이사)	

しんにゅうしゃいん 新入社員(신입사원)	しゅっきん 出勤(출근)
サラリーマン(샐러리맨)	たいしゃ 退社(퇴근)
しゅっちょう 出張(출장)	ざんぎょう 残業(잔업)
しょうしん 昇進(승진)	ボーナス(보너스)
てんきん 転勤(전근)	ていねんたいしょく 定年退職(정년퇴직)

채소와 과일

きゅうり(오이)

トマト(토마토)

なす(가지)

ピーマン(피망)

とうがらし(고추)

ほうれんそう(시금치)

にんじん
人参(당근)

はくさい
白菜(배추)

だいこん
大根(무)

じゃがいも(감자)

りんご(사과)

なし
梨(배)

いちご(딸기)

ぶどう(포도)

みかん(귤)

병원

びょういん
病院(병원)

いしゃ
医者(의사)

かんごし
看護師(간호사)

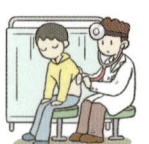
しんさつ
診察(진찰)

ちゅうしゃ
注射(주사)

しゅじゅつ
手術(수술)

にゅういん
入院(입원)

たいいん
退院(퇴원)

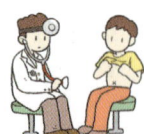
ないか
内科(내과)

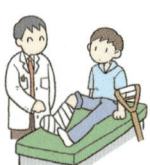
げか
外科(외과)

しょうにか
小児科(소아과)

さんふじんか
産婦人科(산부인과)

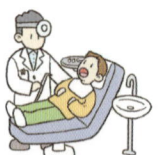
しか
歯科(치과)

せいしんか
精神科(정신과)

じびいんこうか
耳鼻咽喉科(이비인후과)

일본의 공휴일

1月1日 がんじつ 元日 (설날)	1月 第2月曜日 せいじん ひ 成人の日 (성인의 날)	2月11日 けんこくきねんび 建国記念日 (건국기념일)	3月20日ごろ しゅんぶん ひ 春分の日 (춘분)
	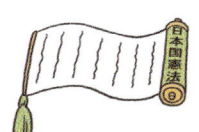		
4月29日 しょうわ ひ 昭和の日 (쇼와의 날)	5月3日 けんぽうきねんび 憲法記念日 (헌법기념일)	5月4日 ひ みどりの日 (자연의 날)	5月5日 こども ひ 子供の日 (어린이날)

7月 第3月曜日 うみ ひ 海の日 (바다의 날)	9月 第3月曜日 けいろう ひ 敬老の日 (경로의 날)	9月22日 こくみん きゅうじつ 国民の休日 (국민의 휴일)	9月23日ごろ しゅうぶん ひ 秋分の日 (추분)

10月 第2月曜日 たいいく ひ 体育の日 (체육의 날)	11月3日 ぶんか ひ 文化の日 (문화의 날)	11月23日 きんろうかんしゃ ひ 勤労感謝の日 (근로감사의 날)	12月23日 てんのうたんじょうひ 天皇誕生日 (천황탄생일)

자동사와 타동사

자동사 〜が (〜이, 가)	타동사 〜を (〜을, 를)	자동사 〜が (〜이, 가)	타동사 〜を (〜을, 를)
閉まる (닫히다)	閉める (닫다)	かかる (걸리다)	かける (걸다)
始まる (시작되다)	始める (시작하다)	助かる (도움이 되다)	助ける (돕다)
集まる (모이다)	集める (모으다)	受かる ((시험에) 붙다)	受ける ((시험을) 보다)
決まる (정해지다)	決める (정하다)	上がる (오르다)	上げる (올리다)
止まる (멎다, 서다)	止める (멎게 하다)	曲がる (구부러지다)	曲げる (구부리다)
起きる (일어나다)	起こす (일으키다)	つく (켜지다)	つける (켜다)
落ちる (떨어지다)	落とす (떨어뜨리다)	入る (들어가다, 들어오다)	入れる (넣다)
過ぎる (지나다)	過ごす (지내다)	終わる (끝나다)	終える・終わる (끝내다)
治る (낫다)	治す (고치다)	抜ける (빠지다)	抜く (빼다)
写る ((사진 따위가) 찍히다)	写す ((사진 따위를) 찍다)	続く (계속되다)	続ける (계속하다)
残る (남다)	残す (남기다)	出る (나가다, 나오다)	出す (내다)
降りる ((탈 것에서) 내리다)	降ろす ((탈 것에서) 내려 놓다)	乗る (타다)	乗せる (태우다)

동물

いぬ
犬(개)

ねこ
猫(고양이)

にわとり
鶏(닭)

ぶた
豚(돼지)

ねずみ(쥐)

うし
牛(소)

うま
馬(말)

うさぎ(토끼)

へび
蛇(뱀)

とら
虎(호랑이)

ひつじ
羊(양)

さる
猿(원숭이)

여러 가지 운동

うんどう
運動
(운동)

バスケットボール
(농구)

サッカー
(축구)

やきゅう
野球
(야구)

バレーボール
(배구)

スキー
(스키)

バドミントン
(배드민턴)

テニス
(테니스)

たっきゅう
卓球
(탁구)

ボクシング
(복싱)

マラソン
(마라톤)

すもう
(스모)

조수사(1)

	~つ ~개	~人 ~명, 사람	~台 ~대	~杯 ~잔	~本 ~병, 자루	~枚 ~장
1	ひとつ 一つ	ひとり 一人	いちだい 一台	いっぱい 一杯	いっぽん 一本	いちまい 一枚
2	ふた 二つ	ふたり 二人	にだい 二台	にはい 二杯	にほん 二本	にまい 二枚
3	みっ 三つ	さんにん 三人	さんだい 三台	さんばい 三杯	さんぼん 三本	さんまい 三枚
4	よっ 四つ	よにん 四人	よんだい 四台	よんはい 四杯	よんほん 四本	よんまい 四枚
5	いつ 五つ	ごにん 五人	ごだい 五台	ごはい 五杯	ごほん 五本	ごまい 五枚
6	むっ 六つ	ろくにん 六人	ろくだい 六台	ろっぱい 六杯	ろっぽん 六本	ろくまい 六枚
7	なな 七つ	しちにん/ななにん 七人	ななだい 七台	ななはい 七杯	ななほん 七本	ななまい 七枚
8	やっ 八つ	はちにん 八人	はちだい 八台	はっぱい 八杯	はっぽん 八本	はちまい 八枚
9	ここの 九つ	きゅうにん 九人	きゅうだい 九台	きゅうはい 九杯	きゅうほん 九本	きゅうまい 九枚
10	とお 十	じゅうにん 十人	じゅうだい 十台	じゅっぱい 十杯	じゅっぽん 十本	じゅうまい 十枚
11	じゅういち 十一	じゅういちにん 十一人	じゅういちだい 十一台	じゅういっぱい 十一杯	じゅっいっぽん 十一本	じゅういちまい 十一枚
12	じゅうに 十二	じゅうににん 十二人	じゅうにだい 十二台	じゅうにはい 十二杯	じゅうにほん 十二本	じゅうにまい 十二枚
몇	いくつ	なんにん 何人	なんだい 何台	なんばい 何杯	なんぼん 何本	なんまい 何枚
예	과일, 책상, 핸드백…	사람	차, TV, 냉장고, 기계…	컵에 담긴 음료수, 밥…	연필, 볼펜 우산, 병…	종이, 접시…

조수사(2)

	～回 ～번, ～회	～階 ～층	～個 ～개	～足 ～켤레	～冊 ～권	～匹 ～마리
1	いっかい 一回	いっかい 一階	いっこ 一個	いっそく 一足	いっさつ 一冊	いっぴき 一匹
2	にかい 二回	にかい 二階	にこ 二個	にそく 二足	にさつ 二冊	にひき 二匹
3	さんかい 三回	さんがい 三階	さんこ 三個	さんぞく 三足	さんさつ 三冊	さんびき 三匹
4	よんかい 四回	よんかい 四階	よんこ 四個	よんそく 四足	よんさつ 四冊	よんひき 四匹
5	ごかい 五回	ごかい 五階	ごこ 五個	ごそく 五足	ごさつ 五冊	ごひき 五匹
6	ろっかい 六回	ろっかい 六階	ろっこ 六個	ろくそく 六足	ろくさつ 六冊	ろっぴき 六匹
7	ななかい 七回	ななかい 七階	ななこ 七個	ななそく 七足	ななさつ 七冊	ななひき 七匹
8	はっかい 八回	はっかい 八階	はっこ 八個	はっそく 八足	はっさつ 八冊	はっぴき 八匹
9	きゅうかい 九回	きゅうかい 九階	きゅうこ 九個	きゅうそく 九足	きゅうさつ 九冊	きゅうひき 九匹
10	じゅっかい 十回	じゅっかい 十階	じゅっこ 十個	じゅっそく 十足	じゅっさつ 十冊	じゅっぴき 十匹
몇	なんかい 何回	なんがい 何階	なんこ 何個	なんぞく 何足	なんさつ 何冊	なんびき 何匹
예	횟수를 셀 때	건물의 층을 셀 때	작은 물건을 셀 때(사과, 감, 사탕, 과자…)	구두, 양말을 셀 때	책, 사전, 잡지 등을 셀 때	작은 동물이나 물고기 등을 셀 때

일본의 동전과 지폐

いち えん
1円

ご えん
5円

じゅう えん
10円

ごじゅう えん
50円

ひゃく えん
100円

ごひゃく えん
500円

せんえん
千円

に せんえん
二千円

ご せんえん
五千円

いちまんえん
一万円

인사말 정리

음식을 먹을 때

1. 何に しますか。
   何に なさいますか。 (뭘로 하겠습니까?/뭘로 하시겠습니까?)
2. ～に します。 (～(으)로 하겠습니다.)
3. ～、 ください。 (～, 주세요.)
4. どうぞ。 (자, 드세요.)
5. いただきます。 (잘 먹겠습니다.)
6. ごちそうさまでした。 (잘 먹었습니다.)
7. おそまつさまでした。 (변변치 못했습니다.)
8. もう 少し いかがですか。 (조금 더 드시겠어요?)
9. いいえ、もう けっこうです。 (아니요, 이제 됐습니다.)

외출하거나 귀가할 때

1. 行って きます。 (다녀오겠습니다.)
2. 行って いらっしゃい。
   行ってらっしゃい。 (다녀오세요.)
3. ただいま。 (다녀왔습니다.)
4. お帰りなさい。 (어서 돌아오세요.)

■ 감수자

今井幹夫 (이마이 미키오)
언어학자, (전)일본 도쿄 센다가야일본어교육연구소 소장
일본어를 비교언어학적으로 비교·분석·체계화시킨
Scientific Direct Method의 창안자
저서 : 『Comprehensive Japanese: わかる日本語』

■ 공저자

박정희
日本 東京外国語大学 日本語学科 졸업
저서 : 『New Top Japanese 1·2』(공저)

송미혜
日本 東京外国語大学 日本語学科 졸업
(전)시사일본어사 편집부장 겸 출판감독
저서 : 『New Top Japanese 1·2』(공저)

■ 해설강의

안광미
한남대학교 졸업
(전)시사일본어사 종로캠퍼스 전임강사

■ 일러스트

김영랑 · **八幡恵美子** (야하타 에미코)

초판발행	2004년 1월 10일
1차개정판발행	2009년 6월 25일
1차개정판 3쇄	2015년 9월 30일

감수	今井幹夫
공저	박정희·송미혜
펴낸이	엄태상
펴낸곳	(주)시사일본어사
등록일자	1977년 12월 24일
등록번호	제 300 - 1977 - 31호
주소	서울시 종로구 자하문로 300 시사빌딩
전화	내용문의 (02) 764 -1582
	주문문의 (02) 3671-0555
팩스	(02) 3671-0500
홈페이지	http://book.japansisa.com
이메일	sisa_japan@daum.net

ISBN 978-89-402-0760-4 18730
      978-89-402-0758-1 18730 [set]

*이 교재의 내용을 사전 허가없이 전재하거나 복제할 경우 법적인 제재를 받게 됨을 알려 드립니다.
*잘못된 책은 구입하신 서점이나 본사에서 교환해 드립니다.
*정가는 표지에 표시되어 있습니다.